本书受到以下项目资助：
◎中北大学"双一流"–学科B类–学术著作建设项目（晋财教[2023]61号）
◎中北大学科研启动费项目"深化国企混改对供应链韧性提升的效果与机制研究"（110136067）
◎山西省社科联重点课题"深化国资国企改革增强山西转型发展动能研究"（SSKLZDKT2023058）
◎山西省高等学校哲学社会科学研究项目"深化国企混改对山西省供应链韧性的影响与机制研究"（2023W083）

非国有董事治理积极性与国有企业资产保值增值

独正元◎著

Non-state-owned Directors' Governance Enthusiasm and
SOE Asset Preservation and Appreciation

经济管理出版社
ECONOMY & MANAGEMENT PUBLISHING HOUSE

图书在版编目（CIP）数据

非国有董事治理积极性与国有企业资产保值增值/独正元著 . —北京：经济管理出版社，
2023.9

ISBN 978-7-5096-9329-2

Ⅰ.①非…　Ⅱ.①独…　Ⅲ.①国有企业—国有资产管理—研究—中国　Ⅳ.①F279.241

中国国家版本馆 CIP 数据核字（2023）第 188531 号

组稿编辑：申桂萍
责任编辑：赵天宇
责任印制：张莉琼
责任校对：蔡晓臻

出版发行：经济管理出版社
　　　　　（北京市海淀区北蜂窝 8 号中雅大厦 A 座 11 层　100038）
网　　　址：www.E-mp.com.cn
电　　　话：（010）51915602
印　　　刷：北京晨旭印刷厂
经　　　销：新华书店
开　　　本：720mm×1000mm/16
印　　　张：12
字　　　数：216 千字
版　　　次：2023 年 11 月第 1 版　　2023 年 11 月第 1 次印刷
书　　　号：ISBN 978-7-5096-9329-2
定　　　价：78.00 元

前　言

　　国有企业是推动中国经济高质量发展的支柱力量，实现资产保值增值是国有企业的首要职责。新时代全面深化国有企业改革的主要内容是混合所有制改革（简称"混改"），首要目标是实现国有企业资产保值增值。因此，探究国有企业如何进行混合所有制改革对有效地实现国有企业资产保值增值目标具有重大价值。国有企业混合所有制改革不仅包括非国有股东持股比例的合理安排，而且包括非国有股东控制权比例的合理安排及其权力的有效行使。尽管混合所有制股权结构的合理安排是混合所有制企业治理的基础，但由于董事会是公司治理的核心，因此，混合所有制企业内非国有股东的控制权比例合理安排与控制权行使就成为实现国有企业混改首要目标的关键。其中，控制权行使是非国有股东参与混改国有企业治理的主要抓手和表现，其对国有企业资产保值增值的影响又是十分重要且尚未有文献研究的问题。首先，非国有股东控制权行使的主要途径是其委派董事进入混改国企董事会并进行理性投票表决，投票特别是投非赞成票表决最能体现非国有董事参与混改国有企业治理的积极性。因此，非国有董事治理积极性即投非赞成票行为，是否理性，是否确实有利于提高国有企业治理水平，进而促进国有企业资产保值增值就成为亟须研究的问题。这对于国有企业制定和实施有效的混合所有制改革方案，在"混资本"的基础上进一步达成"改机制"，促进资产保值增值，具有十分重要的意义。其次，非国有董事治理积极性效应的发挥源于其拥有的治理权力，非国有董事治理权力主要体现在治理权力基础、治理权力配置和治理权力协同三方面，因此，系统研究非国有董事治理权力特征对其投票行为治理效应的影响，对于非国有董事合理使用"用手投票"权力，非国有股东科学参与混改国有企业治理，具有重要意义。最后，非国有董事治理积极性治理效应的发挥还有赖于混合所有制企业的外部治理环境，包括各种政府治理机制和市场治理机制。因此，有必要研究这两方面外部治理机制对非国有董事治理积极性与国有企业资产保值增值关系的影响，这对政府做好混合所有制改革顶层设计，合理利用政府和市场治理机制全面深化国有企业改革，最大限度地实现改革目标，同样具有重要意义。

基于此，本书选取 2013～2020 年中国沪深 A 股商业类国有上市公司作为研究样本，以非国有董事的董事会投票行为（具体指投非赞成票行为）代理其治理积极性，以产权理论、信息不对称理论、委托代理理论、市场理论以及国企改革理论为核心理论支撑，首先，分析论证非国有董事治理积极性对国有企业资产保值增值的影响，并且从减轻代理成本、缓解信息不对称以及提升决策有效性等方面探究其影响路径，进一步地，从公司层面投资者保护视角考察非国有董事治理积极性对国有企业资产保值增值影响的形成机理。其次，从治理权力基础（股权混合度和控制权制衡度）、治理权力配置（配置集中度和配置对等度）、治理权力协同（内部协同性和外部协同性）三个方面分析治理权力特征对基本关系的调节效应。最后，考虑到外部治理机制与公司内部治理机制的互动影响，分析国资监管以及国家审计两个政府治理机制，以及社会审计、产品市场竞争、媒体关注以及分析师关注四个市场治理机制对基本关系的调节效应。

研究发现：①非国有董事治理积极性的提高能够有效促进国有企业资产保值增值，并且减轻代理成本、缓解信息不对称和提升决策有效性是其重要影响路径，进一步地，从公司层面投资者保护视角看，非国有董事治理积极性能够替代公司层面对投资者保护的不足，促进国有企业资产保值增值，即非国有董事的董事会投票行为是理性的。②从治理权力基础看，随着股权混合度和控制权制衡度的增加，非国有董事治理积极性对国有企业资产保值增值的促进效应会提高；从治理权力配置看，随着配置集中度和配置对等度的提高，非国有董事治理积极性对国有企业资产保值增值的促进效应会强化；从治理权力协同看，相较于不具有内部协同性和外部协同性，具有内部协同性和外部协同性的国有企业会强化非国有董事治理积极性对国有企业资产保值增值的促进效应。③从政府治理机制看，相较于过去管人管事管资产的国资监管和未受到国家审计，当前以管资本为主的国资监管和受到国家审计的国有企业，非国有董事治理积极性对国有企业资产保值增值的促进效应更强；从市场治理机制看，相较于受到非国际"四大"社会审计，受到国际"四大"社会审计的国有企业，非国有董事治理积极性对国有企业资产保值增值的促进效应更强，同时，产品市场竞争程度、媒体关注程度，以及分析师关注程度的提高会强化非国有董事治理积极性对国有企业资产保值增值的促进效应。

本书的主要理论创新在于：①本书基于董事会决策视角，研究非国有董事治理积极性与国有企业资产保值增值的关系及其形成机理，推进混合所有制改革研究，即由"混资本"推进到"改机制"，打开了非国有股东委派人员发挥作用的黑箱，拓展了国有企业资产保值增值的影响因素研究，创新了非国有股东参与国企混改以及董事投票行为的经济后果研究。②从治理权力基础、治理权力配置、治理权力协同三个方面，研究治理权力特征对非国有董事治理积极性与国有企业资产保值增值关系的调节效应，揭示了非国有董事通过"用手投票"参与混改国有企业治理的内在逻辑，有助于形成股权结构、控制权结构以及委派人员治理行为为一体的理论分析框架，丰富了非国有股东参与国企混改以及董事投票行为的经济后果研究。③从政府治理机制和市场治理机制两个方面，研究外部治理机制对非国有董事治理积极性与国有企业资产保值增值关系的调节效应，将混改国企内部治理机制——非国有董事治理积极性与外部治理机制纳入同一框架进行分析研究，拓宽了非国有股东参与国企混改的分析框架，丰富了外部治理机制与公司内部治理机制的互动影响关系研究。

本书的主要实践意义在于：①有助于国有企业科学设计混合所有制企业的股权结构，实现在"混资本"的基础上，不断优化治理机制，依法保障非国有股东提名和委派董事的权利，建立各方积极参与、决策高效的董事会，从而充分发挥非国有董事的治理作用，真正实现"改机制"，最终推进国有企业做强做优做大，促进国有企业资产保值增值。②有助于非国有股东在参与国有企业混合所有制改革过程中，依据其股权和控制权地位，维护其自身利益和正当收益，同时也能够为混合所有制企业内非国有董事合理使用"用手投票"的权力，缓解国有企业所有者缺位和内部人控制等诸多弊病，充分发挥决策与制衡职能提供智力支持。③有助于政府做好混合所有制改革顶层设计，为继续推进国有企业改革提供思路，同时也能够为政府合理利用政府和市场治理机制，发展混合所有制经济，促进国有企业资产保值增值提供有益启示。

目　录

第一章 绪论

第一节 研究背景和意义

一、研究背景

国有企业是推动中国经济高质量发展的支柱力量，而实现资产保值增值不仅是国有企业的首要职责，更是评价其工作优劣的要点所在（祁怀锦等，2018；戚聿东和张任之，2019）。但是，由于国有产权性质的先天特征以及政治关联的诸多影响，中国国有企业长期存在所有者缺位现象，并且高管"半市场化、半行政化"的特征产生了较强的内部人控制（Laffont & Tirole，1993；刘汉民等，2018），而国有股"一股独大"也引发了各类委托代理问题，与此同时，国有企业还具有相当数量的非经济目标和非市场化机制，需要履行种类多样、规模较大的社会责任（白重恩等，2006），不仅导致国有企业资源配置低效，而且不利于促进国有企业资产保值增值。持续推进国有企业改革是破局的关键，"放权让利""两权分离""制度创新""国资发展"等时期均将资产保值增值作为改革目标，并且在国务院国有资产监督管理委员会成立后，进一步成为央企负责人的关键考核指标，进一步地，相较于上述时期，新时代背景下的国有企业改革更是将资产保值增值确立为推进混合所有制改革的首要目标（楚序平，2014；毛新述，2020），党的十八届三中全会指出，推进混合所有制作为国有企业改革的核心工作，是提高国有经济活力和控制力的有效途径，要在推进改革进程中实现资产保值增值。党的十九大进一步提出，要深化国有企业改革，发展混合所有制经济，实现国有资产保值增值。党的二十大强调，深化国资国企改革，加快国有经济布局优化和结构调整，是构建高水平社会主义市场经济体制的重要举措。因此，探究国有企业如何进行混合所有制改革对有效实现国有企业资产保值增值目标具有重大价值。

在混合所有制企业中，非国有股东除了能够基于其持股比例在股东大会层面行使表决权并产生影响力外，还能够通过委派董事在董事会层面参与决策、实现制衡来发挥作用，并且董事会是公司治理的核心（Baldenius et al.，2014），董事能够通过了解信息和参与管理而享有实质控制权（Fama & Jensen，1983；Schwartz-Ziv & Weisbach，2013），因此，向混合所有制企业委派董事并发挥决策与监督职能已经成为非国有股东参与混改国有企业治理的重要形式。已有研究认为，混合所有制下，随着非国有股东进入国有企业，能够同时发挥国有资本与非国有资本的优点，从而产生"1+1>2"的效果（李维安，2014）。但是，根据系统理论和协同理论，国有企业在引入非国有资本后所形成的多元股权结构并不会天然产生国有资本与非国有资本的协同效应，还需要相适应的公司治理机制为非国有股东发挥作用提供必要条件。与此同时，现有文献已经从内部控制质量（刘运国等，2016）、会计信息质量（曾诗韵等，2017）、企业绩效（刘汉民等，2018）、薪酬业绩敏感性（蔡贵龙等，2018）、投资效率（孙姝等，2019）、过度负债（吴秋生和独正元，2019）、创新投入（李春玲等，2021）等多方面证实，相较于股权结构维度，非国有股东委派人员从控制权结构维度参与混改国有企业治理更为显著有效。而参与董事会议案讨论、行使投票权既是董事实现决策与监督职能的主要方式，也是其发挥效应的重要治理机制，并且董事投非赞成票的行为被投资者认为是一个很强烈的监督信号，能够向公众、资本市场和股东传递出宝贵的信息。国有企业在引入"到位"的非国有资本后，其治理机制会发生根本的转变（郑志刚等，2019），此时非国有董事①通过"用手投票"积极参与混改国有企业治理，能够使国有企业董事会职权充分落实，凸显董事会在公司决策过程

---

① 本书所述的非国有董事是指混改国企中非国有股东向国有企业委派的董事，即通过其来源（是否由非国有股东委派）来进行认定，具体内涵和认定依据详见本章第二节核心概念界定相关内容。

中所起到的自动纠错功能，从而有效缓解国有企业由于国有产权性质的先天特征以及政治关联而产生的诸多影响。但是，以往文献仍是围绕非国有股东的持股水平和委派人员比例来尝试进行检验，相关研究缺乏董事会决策过程的直接证据，这会产生较大幅度的逻辑跳跃，并不能深刻揭示非国有股东委派董事在控制权结构层面发挥治理作用的逻辑与制度基础。那么，基于董事会决策视角，以"用手投票"行为代理的非国有董事治理积极性①会对国有企业资产保值增值产生何种影响，能否促进国有企业资产保值增值混改目标的实现？并且其影响路径又是什么？

进一步来说，非国有董事通过"用手投票"积极参与混改国有企业治理能够促进国有企业资产保值增值的形成机理是什么？保护投资者利益是公司治理的重要目标之一（Jensen & Murphy，1990），并且公司层面的投资者保护会影响企业内部治理机制运行（La Porta et al.，2002），即当公司层面投资者保护水平较低时，由于内部人控制等代理问题，国有企业董事会更容易产生或者通过损害企业和股东的议案，此时非国有董事就会积极行使投票权，以维护企业和自身权益，从而显示出理性；而当公司层面投资者保护水平较高时，国有企业董事会就各类议案能够进行相对充分的讨论和沟通（窦炜等，2015），损害企业和股东的议案减少，此时，需要非国有董事发挥治理作用的机会也减少，同样显示出理性。因此，基于理性原则，混改国企的投资者保护程度会对非国有董事"用手投票"行为的合理使用产生影响（郑志刚等，2016，2019），那么，从公司层面投资者保护视角看，非国有董事"用手投票"行为是否是基于理性原则而做出的？能否在公司层面对投资者保护不足时起到替代作用，最终促进国有企业资产保值增值？

董事的治理权力行使集中表现为董事的"用手投票"行为，非国有董事治理积极性效应的发挥源于其拥有的治理权力。前述在探讨非国有董事治理积极性与国有企业资产保值增值关系的过程中，直接结果导向性地剖析以"用手投票"代理的非国有董事治理积极性可能存在的经济后果，而并未深究非国有董事治理权力本身特征的存在及其对治理效应的影响。与此同时，现有研究探讨了非国有

---

① 本书以非国有董事的董事会投票行为（具体指投非赞成票行为）代理其治理积极性，非国有董事"用手投票"行为，特别是投非赞成票行为所体现的治理积极性详见本章第二节核心概念界定相关内容。

大股东（马勇等，2019；耿云江和马影，2020）、股权混合度（冯埃生，2016；李增福等，2021）、股权集中度（谢海洋等，2018；钱红光和刘岩，2019）、股权制衡度（杨萱，2019；李小青等，2020），以及控制权对等度（刘汉民等，2018）等治理权力特征的后果影响，但是，鲜有文献对相关治理权力特征进行全面梳理，更没有基于董事会投票行为深入分析上述治理权力特征对非国有董事治理积极性的影响，因此，为了进一步挖掘非国有董事治理积极性对国有企业资产保值增值影响的内在逻辑，就需要科学系统地刻画非国有董事治理权力特征。非国有董事治理权力的异质性主要体现在治理权力基础、治理权力配置和治理权力协同三方面：

其一，治理权力从何而来？董事会作为因委托代理关系而存在的股东代理，是公司治理的核心（Fama & Jensen，1983），换言之，由于董事是股东的代表，因而董事"用手投票"的权力来自其背后的真实股东，从而股东所处的股权结构及控制权结构都会对董事产生影响，即董事的"用手投票"行为是基于其代表股东拥有的股权及控制权结构（Attig et al.，2013）。因此，非国有董事的治理权力基础是其所代表的非国有股东的股权结构和控制权结构。其二，治理权力如何规划？控制权是指对企业重大决策的控制，这在现代企业中直接反映为董事会构成，即谁拥有董事会席位，谁就对企业拥有控制权（张维迎，1996），非国有董事席位的集中程度将影响其沟通成本。与此同时，通常来讲拥有股权同时也就拥有了控制权，但在混改实践中，股权和控制权是两种独立的工具（Aghion & Bolton，1992），非国有股东的股权与控制权并不一定完全对等，两者的对等程度将影响其是否有足够意愿和能力参与治理。因此，非国有董事的治理权力配置包含控制权的集中程度以及股权与控制权的对等程度。其三，治理权力是何表现？在混改国企中，往往多个非国有股东都能凭借其持股委派董事，虽然这些董事均代表非国有资本的权益，但仍具有不同的目标和收益偏好（汪平等，2015），因此，各非国有董事的投票行为是否协同一致会影响其话语权。与此同时，在"一股独大"的国有企业中，旨在保护全体股东，特别是中小股东权益的独立董事的目标与非国有董事具有相当程度的相似性（Jiang et al.，2016），非国有董事与独立董事的投票行为是否协同一致也会影响其话语权。因此，非国有董事的治理权力协同包括非国有董事内部的协同性，以及非国有董事与独立董事的协同性。那么，从治理权力基础、治理权力配置和治理权力协同三方面看，治理权力特征会对非国有董事治理积极性与国有企业资产保值增值间关系产生何种调节效应?

企业并非独立的个体,任何企业活动均在特定的制度环境下进行,外部治理机制与公司内部治理机制存在互动影响,这体现在信息效应、压力效应、声誉效应以及激励效应等多方面(Aghion et al.,1999;Miller,2006;Dyck et al.,2010;Sudarshan & Milbourn et al.,2015),因此,非国有董事治理积极性治理效应的发挥还有赖于混合所有制企业的外部治理环境,同时为了使研究结论更契合实际环境,更具有实践指导意义,就有必要研究外部治理机制对非国有董事治理积极性与国有企业资产保值增值关系的影响。与此同时,已有文献依据外部治理机制所属主体,从政府和市场两个角度进行了丰富的研究,发现国资监管和国家审计等政府治理机制,以及社会审计、产品市场竞争、媒体关注及分析师关注等市场治理机制会对股东行为(花冯涛等,2017;杜媛等,2021)、高管行为(Miller,2006;Dyck et al.,2010;田高良等,2016)、腐败治理(王丽娟和耿怡雯,2019;张宏亮等,2019;刘瑾等,2021)、内部控制(方军雄等,2004;Raghunandan & Rama,2006;褚剑和方军雄,2018)等公司内部治理产生互动影响。但尚无文献从国有企业混合所有制改革出发,探寻外部治理机制与混合所有制企业内部治理机制的互动影响关系。那么,从政府治理机制和市场治理机制两方面看,外部治理机制会对混改国企内部治理机制——非国有董事治理积极性与国有企业资产保值增值间关系产生何种调节效应,值得学术界深入探究。

综上所述,本书试图回答的问题是:在混合所有制企业中,非国有董事治理积极性对国有企业资产保值增值的影响如何?并且非国有董事治理积极性发挥治理效应的形成机理是什么,是否是公司层面投资者保护的替代?进一步地,治理权力特征和外部治理机制对上述基本关系的调节效应如何?针对上述问题,本书以2013~2020年中国沪深A股商业类国有上市公司为研究样本,以非国有董事的董事会投票行为(具体指投非赞成票行为)代理其治理积极性,对非国有董事治理积极性与国有企业资产保值增值的关系进行研究,以期为国有企业制定和实施有效的混合所有制改革方案,实现国有企业资产保值增值的混改目标提供证据支持,也为非国有股东积极参与国有企业混合所有制改革,充分发挥非国有董事的治理作用提供有益启示,还为政府做好国有企业混合所有制改革顶层设计,全面深化国有企业改革,同时为发展混合所有制经济,合理利用政府和市场治理机制提供政策建议。

二、研究意义

1. 理论意义

第一，研究非国有董事治理积极性与国有企业资产保值增值的关系及其形成机理，拓展了国有企业资产保值增值的影响因素研究，创新了非国有股东参与国企混改及董事投票行为的经济后果研究。

现有研究从股权结构维度和控制权结构维度初步探讨了引入非国有股东对国有企业资产保值增值的影响，虽然发现非国有股东委派董事有助于实现资产保值增值，但是，由于参与董事会议案讨论、行使投票权既是董事实现决策与监督职能的主要方式，也是其发挥效应的重要治理机制，因此，以往文献缺乏董事会决策过程的直接证据，产生了较大幅度的逻辑跳跃，并不能深刻揭示非国有股东委派董事发挥治理作用的逻辑和制度基础。本书则基于董事会决策视角，以非国有董事"用手投票"代理其治理积极性，揭示了非国有董事治理积极性对国有企业资产保值增值的影响，并进一步深入挖掘其中的影响路径和形成机理，不仅能够为本书后续的调节效应分析奠定基础，而且深化了国有企业混合所有制改革研究，由"混资本"推进到"改机制"，打开了非国有股东委派人员发挥作用的黑箱，丰富了国有企业资产保值增值的影响因素与非国有股东参与国企混改以及董事投票行为的经济后果研究。

第二，研究治理权力特征对非国有董事治理积极性与国有企业资产保值增值关系的调节效应，揭示了非国有董事通过"用手投票"参与混改国有企业治理的内在逻辑，丰富了非国有股东参与国企混改以及董事投票行为的经济后果研究。

现有研究探讨了股权混合度、非国有大股东、控制权对等度、股权制衡度以及股权集中度等治理权力特征的后果影响，但是，鲜有文献对相关治理权力特征进行全面梳理，更没有基于董事会投票行为深入分析上述治理权力特征对非国有董事投票行为（治理积极性）的影响。本书则在探讨非国有董事治理积极性与国有企业资产保值增值关系的基础上，进一步从治理权力基础、治理权力配置以及治理权力协同三方面科学、系统地检验了治理权力特征对基本关系的调节效应，有助于在国有企业混合所有制改革背景下，形成股权结构、控制权结构，以及委派人员治理行为为一体的理论分析框架，丰富了非国有股东参与国企混改以及董事投票行为的经济后果研究，并为后续相关研究提供了新的思路。

第三，研究外部治理机制对非国有董事治理积极性与国有企业资产保值增值关系的调节效应，拓宽了非国有股东参与国企混改的分析框架，丰富了外部治理机制与公司内部治理机制的互动影响关系研究。

以往关于外部治理机制的相关文献聚焦于政府和市场两个主体，虽然大量讨论了各个外部治理机制与公司内部治理机制的互动影响关系，然而却未能形成一致的和系统的观点，也缺乏基于国有企业混合所有制改革的特定情境研究。本书则从政府治理机制和市场治理机制两个方面，探讨外部治理机制对基本关系的调节效应，从而将混改国企内部治理机制——非国有董事治理积极性与外部治理机制纳入同一框架来分析研究，拓宽了非国有股东参与国企混改的分析框架，丰富了外部治理机制与公司内部治理机制的互动影响关系研究。

2. 实践意义

第一，研究结论有助于国有企业制定和实施混合所有制改革方案，同时为实现国有企业资产保值增值的混改目标提供证据支持。

本书基于董事会决策视角，以非国有董事"用手投票"代理其治理积极性，分析了非国有董事治理积极性与国有企业资产保值增值的关系，并进一步深入挖掘其中的影响路径和形成机理，通过理论分析和实证检验发现：非国有董事治理积极性的提高能够促进国有企业资产保值增值，并且存在减轻代理成本、缓解信息不对称以及提升决策有效性的影响路径，同时公司层面投资者保护不足的替代是其重要形成机理。这一研究结论能够为国有企业在科学设计混合所有制企业的股权结构，实现"混资本"的基础上，不断优化治理机制，依法保障非国有股东提名和委派董事的权利，建立各方积极参与、决策高效的董事会，从而充分发挥非国有董事的治理作用，真正实现"改机制"，最终推进国有企业做强做优做大，促进国有企业资产保值增值提供政策建议。

第二，研究结论有助于非国有股东积极参与国有企业混合所有制改革，同时为充分发挥非国有董事的治理作用提供有益启示。

本书基于非国有股东参与国企混改的股权结构、控制权结构和委派人员治理行为，从治理权力基础、治理权力配置和治理权力协同三个方面对治理权力特征进行刻画，系统分析了治理权力特征对基本关系的调节效应，通过理论分析和实证检验发现：治理权力基础（股权混合度和控制权制衡度）、治理权力配置（配置集中度和配置对等度）、治理权力协同（内部协同性和外部协同性）等治理权力特征会对非国有董事治理积极性与国有企业资产保值增值关系产生显著影响。这一研究结论不仅能够为非国有股东在参与国有企业混合所有制改革过程中，依据其股权和控制权地位，维护其自身利益和正当收益提供经验证据，也能够为混合所有制企业内非国有董事合理使用"用手投票"的权力，缓解国有企业所有者缺位和内部人控制等诸多弊病，充分发挥决策与监督职能提供智力支持。

第三，研究结论有助于政府做好国有企业混合所有制改革顶层设计，全面深化国有企业改革，同时也能够为政府合理利用政府和市场治理机制，发展混合所有制经济提供政策建议。

本书在深入研究非国有董事治理积极性与国有企业资产保值增值关系的基础上，从政府治理机制和市场治理机制两个方面，进一步探讨了外部治理机制与混改国企内部治理机制——非国有董事治理积极性的交互效应对国有企业资产保值增值的影响，通过理论分析和实证检验发现：国资监管和国家审计两个政府治理机制，以及社会审计、产品市场竞争、媒体关注和分析师关注四个市场治理机制会对非国有董事治理积极性与国有企业资产保值增值关系产生显著影响。这一研究结论不仅能够为政府做好国有企业混合所有制改革顶层设计，全面深化国有企业改革提供思路，也能够为政府合理利用政府和市场治理机制，发展混合所有制经济，促进国有企业资产保值增值提供有益启示。

第二节　核心概念界定

一、非国有董事治理积极性

非国有董事治理积极性的指向对象为非国有董事，指明状态为董事的治理积极性。因此，要准确理解本书非国有董事治理积极性的具体内涵，就需要从非国有董事和董事治理积极性两方面进行核心概念的解析。

1. 非国有董事

本书所述的非国有董事是指混改国企中非国有股东向国有企业委派的董事，

要准确理解前述概念界定，就需要明确公司中董事与股东的关系以及非国有董事的具体认定依据。

首先，关于董事与股东的关系。公司治理理论认为，公司是由一组要素通过契约方式组合而形成并存在的。股东以契约方式将公司控制权委托给董事会，董事会则继续以契约的方式将公司的日常经营权委托给经理层，从而建立了多重委托代理关系（Fama & Jensen，1983），并且根据《中华人民共和国公司法》（以下简称《公司法》）解释，股东大会拥有选举、撤销及更换董事的权力。因此，董事会是基于委托代理关系形成的股东权力代理机构。可见，基于委托代理理论，董事接受股东的委托，负责执行股东决议，对股东负责（Jensen & Meckling，1976；Baldenius et al.，2014），换言之，由于董事是股东的代表，因而董事"用手投票"的权力来自其背后的真实股东（Schwartz-Ziv & Weisbach，2013）。基于上述分析，董事与其背后股东具有紧密联系，股东的目标函数和收益偏好将会对其委派董事的治理行为产生直接影响（Aghion et al.，2013；汪平等，2015），因此，非国有董事既要为非国有股东服务，也要受到非国有股东的约束。

其次，关于非国有董事的具体认定依据。本书所述的非国有董事是指混改国企中非国有股东向国有企业委派的董事，即通过其来源（是否由非国有股东委派）来认定，其具体认定依据为：先对混改国企中的非国有股东甄别，划分为非国有法人股东和自然人股东两类，在此基础上，如果混改国企董事会中的某一董事在该企业的非国有法人股东单位履职，则认定该董事由非国有法人股东单位委派，即为非国有董事；如果混改国企董事会中的某一董事为该企业的自然人股东，则认定该董事由自然人股东"自我委派"，也为非国有董事。此外，如果混改国企董事会发生换届情况，会导致董事会在某一时点存在前后两届董事任职的情况，从而造成董事会规模和构成的变化，此时，为了保持非国有董事认定的稳定性和一贯性，本书只统计换届后的董事会成员。

2. 董事治理积极性

本书以非国有董事的董事会投票行为（具体指投非赞成票行为）代理其治理积极性，要准确理解前述概念界定，就需要明确非国有股东参与混改国有企业治理的途径以及非国有董事"用手投票"，特别是投非赞成票行为体现的治理积极性。

首先，关于非国有股东参与混改国企治理的途径。推进混合所有制是新时代背景下全面深化国有企业改革的核心工作（毛新述，2020）。国有企业混合所有制改革通过引入"到位"的非国有资本形成对国有企业内部人的监督制衡，由此导致国有企业治理机制发生根本的转变（郑志刚等，2019）。在混合所有制企业，非国有股东除可以利用基于持股比例的投票表决权在股东大会层面形成影响力外，还能够通过委派董事在董事会层面发挥作用，进一步地，现有研究已经从薪酬业绩敏感性（蔡贵龙等，2018）、企业绩效（刘汉民等，2018）、过度负债（吴秋生和独正元，2019）、内部控制质量（刘运国等，2016）、投资效率（孙姝等，2019）、创新投入（李春玲等，2021）、会计信息质量（曾诗韵等，2017）等多方面证实，相较于从股权结构维度参与混改国有企业治理，基于委派人员从控制权结构维度参与混改国有企业治理更为显著有效。因此，向混合所有制企业委派董事并发挥决策与监督职能已经成为非国有股东参与混改国有企业治理的重要形式。进一步地，参与董事会议案讨论、行使投票权既是董事实现决策与监督职能的主要方式，也是其发挥效应的重要治理机制，非国有董事通过"用手投票"积极参与混改国有企业治理，能够使国有企业董事会职权充分落实，并凸显了董事会在公司决策过程中所起到的自动纠错功能，进而有效缓解国有企业由于国有产权性质的先天特征以及政治关联而产生的诸多影响。

其次，关于非国有董事"用手投票"，特别是投非赞成票行为体现的治理积极性。在中国制度背景下，董事积极参与公司治理的主要动力包括两方面：一方面，规避法律或声誉风险。《公司法》规定，董事应当对董事会的决议承担责任，并且决议致使企业遭受严重损失的，参与决议的董事对公司负赔偿责任。与此同时，相关行为在受到法律处罚或被媒体披露后，董事会面临较大的声誉和信任危机，不利于其继续从事相关岗位（唐清泉等，2006；Jiang et al.，2016）。另一方面，保护股东权益。董事与其背后股东具有紧密联系，基于委托代理理论，董事接受股东的委托，负责执行股东决议，对股东负责（Jensen & Meckling，1976；Baldenius et al.，2014），因此，董事作为其背后股东的利益代表进入董事会，需要以股东的目标函数和收益偏好为行动准则，进而在混改国企内，如果国有企业内部人基于政治晋升或者构建商业帝国等动机推进损害非国有股东或者企业整体利益的议案，非国有董事会有强烈的动机积极参与公司治理。

为了规避上述风险或保护股东权益，董事既可以"用脚投票"，即主动辞去高风险公司的董事职位，相应地，该董事所属股东退出企业；同时，董事也可以

"用手投票"，即对他们认为存在问题的董事会议案提出异议。但是，由于非国有股东参与国企混改并不能频繁通过资本运作来"用脚投票"，因此，非国有董事"用手投票"是其应对风险或达成非国有股东目标函数和收益偏好的主要途径。董事会成员一般情况下不会对管理层的行动提出公开挑战并投非赞成票（Mace，1986；叶康涛等，2011；郑志刚等，2019），但是，在面对风险或者影响股东权益的情况下，董事具有较为强烈的意愿通过投非赞成票否决或者完善相关议案，因此，董事投非赞成票的行为不仅会被投资者认为是一个很强烈的监督信号，能够向公众、资本市场和股东传递出宝贵的信息，还直接反映了该董事的治理积极性（Hermalin & Weisbach，1998；Warther，1998；祝继高等，2015）。基于上述分析，非国有董事"用手投票"，特别是投非赞成票行为，充分体现了非国有董事的治理积极性，因此，本书以非国有董事的董事会投票行为（具体指投非赞成票行为）代理其治理积极性具有科学性和实践性，而在具体测度过程中，本书以非国有董事是否投非赞成票以及非国有董事投非赞成票的比例来分别设置虚拟变量和连续变量。

二、国有企业资产保值增值

国有企业资产保值增值的指向对象为国有企业的资产，指明状态为资产的保值增值。因此，要准确理解本书国有企业资产保值增值的具体内涵，就需要从国有企业资产及资产保值增值两方面进行核心概念的解析。

1. 国有企业资产

国有企业资产是指属于国有企业并用于生产经营的各类资料资源的总和（周大仁，1994；郭檬楠，2020），包括国有资产和国有资本。具体而言：其一，国有资产。国有资产包括经营性、非经营性以及以自然资源形态存在的国有资产，其中，经营性国有资产是指以市场配置为主，用于生产经营的资产，也称企业国有资产，是能够直接为社会创造价值的国有资产。其二，国有资本。依据《国有资产保值增值考核试行办法》和《企业国有资产监督管理暂行条例》中的定义，国有资产是由国家对企业各种形式的投资及其收益形成的，因此，国有资本是指国有权益资本，即资产的价值形态表现，是狭义的国有资产（陈余有，1995；李明敏，2020）。基于上述分析，本书所指的国有企业资产包含国有资产和国有资本两方面的内容。

2. 资产保值增值

本书以基于 EVA 测度的国有企业资产保值增值作为代理指标，同时以剔除资本金变化的保值增值率作为稳健性检验指标，要准确理解前述指标含义，就需要明确资产保值增值的内涵以及资产保值增值指标的测度依据。

首先，关于资产保值增值的内涵。保值和增值是评价企业资产效益的重要指标。资产保值增值包含资产的保值与增值两个层次，资产保值是前提，而资产增值是目的。具体来讲：资产保值是指企业资产维持其原有规模不变且能够进行简单再生产，这既有企业资产的价值量不受损失的含义，也有资产所提供的实物生产能力或使用价值量不受减损的含义（阎红玉和周敏，1996；郭檬楠，2020；李明敏，2020）；资产增值是指企业资产不仅能够维持其原有规模不变，而且能够进行扩大再生产，因而资产增值实际上是资产收益资本化价值的增加，即经过价值创造后，资产价值得以提高，它反映了资产的质量和获利能力（张治栋和樊继达，2005）。因此，对于包括混改国企在内的全体国有企业，完成资产保值是底线，实现资产增值则是国有企业资产保值增值的核心要旨，也是资产资本化后的内在要求，同时更是国有企业的首要职责以及评价其工作优劣的要点所在。

其次，关于资产保值增值指标的测度依据。现有文献关于资产保值增值指标测度主要有两种思路：一是依据原国有资产管理局、财政部和原劳动部于 1994年出台的《国有资产保值增值考核试行办法》提出的国有资产保值增值率。该指标的原理是，若企业所有者权益的期末值等于期初值即为资产保值，若企业所有者权益的期末值大于期初值则为资产增值，因此，计算方法是期末所有者权益与期初所有者权益之比，上述资产保值增值指标测度思路为部分学者采用借鉴（祁怀锦等，2018；李明敏，2020）。二是基于 EVA 测度的国有企业资产保值增值指标。EVA（经济增加值）为税后净营业利润中减去全部股权和债务资本成本后的所得（李小平，2005；郭檬楠和吴秋生，2018），与前述测度指标相比，更加科学地体现了主体的价值能力与资本效益、效率，大大提高了相对信息含量与信息增量（Stern et al.，1995；吴秋生和郭檬楠，2018），因此，多数学者采用 EVA 与总资产之比来测度资产保值增值指标（郭檬楠和吴秋生，2019；独正元和吴秋生，2020；周绍妮等，2020；廖志超和王建新，2021）。基于上述分析，本书以基于 EVA 测度的国有企业资产保值增值作为代理指标，同时以剔除资本金变化的保值增值率作为稳健性检验指标具有科学性。

第三节 研究目标与内容

一、研究目标

本书围绕"非国有董事治理积极性与国有企业资产保值增值"这一主题展开研究，旨在探索非国有董事治理积极性对国有企业资产保值增值的影响，以及治理权力特征和外部治理机制对基本关系的调节效应，为国有企业制定和实施混合所有制改革方案、实现国有企业资产保值增值，非国有股东积极参与国企混改、充分发挥非国有董事的治理作用，政府做好国有企业混合所有制改革顶层设计、合理利用政府和市场治理机制提供理论依据和经验证据。具体目标如下：

（1）通过研究非国有董事治理积极性对国有企业资产保值增值的影响及其影响路径和形成机理，更可靠地认识非国有董事治理积极性与国有企业资产保值增值的关系及其内在机制，克服以往文献由于缺乏董事会决策过程的直接证据而产生的较大幅度逻辑跳跃，在为后续调节效应分析提供研究基础的同时，不仅为非国有股东通过委派董事在董事会层面发挥治理作用提供理论依据，还为国有企业制定和实施有效的混改方案，在"混资本"的基础上进一步达成"改机制"，促进资产保值增值提供经验证据。

（2）通过研究治理权力特征对非国有董事治理积极性与国有企业资产保值增值关系的调节效应，在国有企业混合所有制改革背景下，形成股权结构、控制权结构以及委派人员治理行为为一体的理论分析框架，在深化非国有股东参与国企混改以及董事投票行为的经济后果研究的同时，不仅为非国有股东在参与国企混改过程中，依据其股权和控制权地位，维护其自身利益和正当收益提供理论依据，也为非国有董事合理使用"用手投票"的权力，充分发挥决策与监督职能提供经验证据。

（3）通过研究外部治理机制影响非国有董事治理积极性对国有企业资产保值增值关系的调节效应，将混改国企内部治理机制——非国有董事治理积极性与外部治理机制纳入同一框架进行分析研究，在丰富外部治理机制与公司内部治理机制的互动影响关系研究，拓宽非国有股东参与国企混改分析框架的同时，不仅为政府做好国有企业混合所有制改革顶层设计，全面深化国有企业改革提供思路，也为政府合理利用政府和市场治理机制来与混合所有制经济形成合力提供理论依据和经验证据。

二、研究内容

1. 研究内容

本书选取 2013~2020 年中国沪深 A 股商业类国有上市公司作为研究样本，以非国有董事的董事会投票行为（具体指投非赞成票行为）代理其治理积极性，对非国有董事治理积极性与国有企业资产保值增值的关系进行研究，并进一步考察治理权力特征和外部治理机制对上述基本关系的调节效应。

首先，以产权理论、信息不对称理论、委托代理理论及国企改革理论为核心理论支撑，分析论证非国有董事治理积极性对国有企业资产保值增值的影响，并从减轻代理成本、缓解信息不对称以及提升决策有效性等方面探讨非国有董事治理积极性对国有企业资产保值增值的影响路径，进一步地，从公司层面投资者保护视角考察非国有董事治理积极性对国有企业资产保值增值的形成机理，并为后文的调节效应分析奠定基础。

其次，以产权理论、信息不对称理论以及委托代理理论为核心理论支撑，考虑到非国有股东参与国企混改的股权结构、控制权结构和委派人员治理行为，从治理权力基础、治理权力配置和治理权力协同三个方面对治理权力特征进行刻画，分析治理权力基础（股权混合度和控制权制衡度）、治理权力配置（配置集中度和配置对等度）、治理权力协同（内部协同性和外部协同性）等治理权力特征对非国有董事治理积极性与国有企业资产保值增值关系的调节效应，并进行实证检验。

最后，以产权理论、信息不对称理论以及市场理论为核心理论支撑，考虑到外部治理机制与公司内部治理机制的互动影响，分析国资监管和国家审计两个政府治理机制，以及社会审计、产品市场竞争、媒体关注及分析师关注四个市场治理机制对非国有董事治理积极性与国有企业资产保值增值关系的调节效应，并进行实证检验。

2. 章节安排

基于上述研究内容，本书遵循"问题提出—文献综述—制度背景、理论基础与框架构建—实证检验—研究总结"的逻辑顺序展开研究，如图1-1所示，各章节具体安排如下：

第一章，绪论。本章主要论述研究背景及意义，明确非国有董事治理积极性和国有企业资产保值增值等核心概念，阐述研究目标及内容、研究思路及方法与研究创新。

第二章，文献综述。本章从国有企业资产保值增值的影响因素研究，非国有股东参与国企混改的经济后果研究，董事投票的经济后果与有效性研究，外部治理机制与公司内部治理机制的互动影响关系研究四方面出发，详细梳理与本书研究主体相关的国内外研究现状并作出评述。

第三章，制度背景、理论基础与研究框架。本章对国有企业混合所有制改革与资产保值增值的制度背景进行梳理和剖析，建立了研究非国有董事治理积极性与国有企业资产保值增值关系的实践基础，并阐述了国有企业混合所有制改革研究常用的基础理论，探讨了治理权力特征的刻画以及外部治理机制的主体选择，进而结合前文的核心概念界定，构建本书的研究框架。

第四章，非国有董事治理积极性对国有企业资产保值增值的影响。本章在进行理论分析的基础上，检验非国有董事治理积极性与国有企业资产保值增值的关系及其影响路径，并进一步从公司层面投资者保护视角探讨上述基本关系的形成机理。

第五章，非国有董事治理积极性、治理权力特征与国有企业资产保值增值。本章在理论分析的基础上，从治理权力基础、治理权力配置和治理权力协同三个方面对治理权力特征进行刻画，检验治理权力基础（股权混合度和控制权制衡度）、治理权力配置（配置集中度和配置对等度）、治理权力协同（内部协同性和外部协同性）等治理权力特征对基本关系的调节效应。

第六章，非国有董事治理积极性、外部治理机制与国有企业资产保值增值。本章在进行理论分析的基础上，检验国资监管及国家审计两个政府治理机制，以及社会审计、产品市场竞争、媒体关注以及分析师关注四个市场治理机制对基本关系的调节效应。

第七章，研究结论、建议与展望。本章总结研究结论，提出政策建议和研究展望。

本书章节安排如图 1-1 所示。

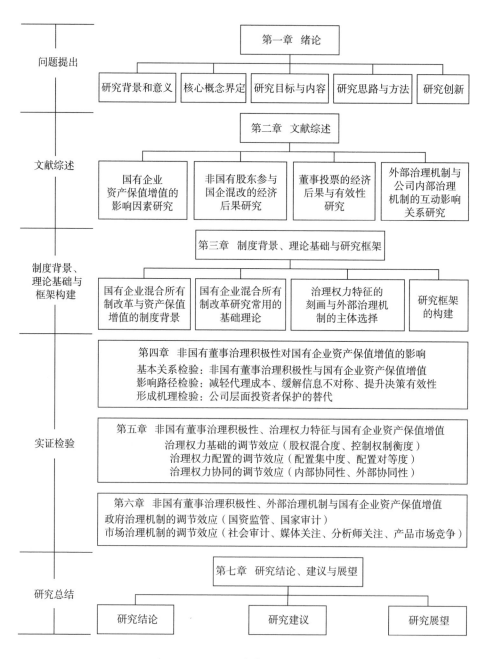

图 1-1　章节安排

资料来源：笔者采用 Visio 软件绘制而成。

第四节　研究思路与方法

一、研究思路

本书以识别研究机会、分析研究问题、提出政策建议次第展开。

在识别研究机会的过程中，基于国有企业混合所有制改革与已有文献成果展开，由于国有企业是推动中国经济高质量发展的支柱力量，并且实现资产保值增值不仅是国有企业的首要职责，更是评价其工作优劣的要点所在，但由于国有产权性质的先天特征以及政治关联的诸多影响，国有企业除了存在所有者缺位现象，还具有相当数量的非经济目标和非市场化机制，需要承担较多的社会责任和政策性负担，不仅导致国有企业资源配置低效，还不利于促进国有资产保值增值。而持续推进的国有企业改革是破局的关键，在混合所有制企业，非国有股东除了能够基于其持股比例在股东大会层面行使表决权从而形成影响力，还能够通过委派董事在董事会层面发挥作用，并且董事会是公司治理的核心，因此，向混改国企委派董事并通过"用手投票"发挥治理作用已成为非国有股东参与国企混改的重要形式。然而现有研究成果缺乏董事会决策过程的直接证据，这会产生较大幅度的逻辑跳跃，并不能深刻揭示非国有董事具备治理作用的制度基础，因此，提出本书研究的核心问题：非国有董事治理积极性与国有企业资产保值增值。

在分析研究问题的过程中，基于产权理论、信息不对称理论、委托代理理论、市场理论以及国企改革理论搭建本书的研究框架并展开具体分析：鉴于2013年召开的党的十八届三中全会，明确提出积极发展混合所有制经济，国有企业改革进入全新阶段，非国有董事在国有企业中愈加普遍深入地参与决策和治理，由此本书将2013~2020年中国沪深A股商业类国有上市公司作为研究样本。首先，检验非国有董事治理积极性对国有企业资产保值增值的影响，并且从减轻代理成本、缓解信息不对称以及提升决策有效性等方面探究其影响路径，进一步地，从公司层面投资者保护视角考察非国有董事治理积极性对国有企业资产保值增值影响的形成机理；其次，考虑到非国有股东参与国企混改的股权结构、控制权结构和委派人员治理行为，从治理权力基础、治理权力配置和治理权力协同三个方面对治理权力特征进行刻画，检验治理权力基础（股权混合度和控制权制衡度）、治理权力配置（配置集中度和配置对等度）、治理权力协同（内部协同性和外部协同性）等治理权力特征对基本关系的调节效应；最后，考虑到外部治理机制与公司内部治理机制的互动影响，依据外部治理机制所属主体，检验国资监管及国家审计两个政府治理机制，以及社会审计、产品市场竞争、媒体关注以及分析师关注四个市场治理机制对基本关系的调节效应。

在提出政策建议的过程中，依据相关主体，分别从国有企业、非国有股东及其委派董事和政府三个层面提出政策建议。

本书的研究思路如图1-2所示。

二、研究方法

为实现研究目标，本书采用多种实证研究方法检验非国有董事治理积极性对国有企业资产保值增值的影响，以及治理权力特征和外部治理机制对基本关系的调节效应，此外，本书还通过多种实证研究方法克服内生性问题对研究结论可靠性的影响。具体如下：

1. 多元线性回归（OLS）

本书首先在第四章采用多元线性回归检验非国有董事治理积极性对国有企业资产保值增值的影响，并且借鉴温忠麟等（2004）的检验思路利用中介效应检验模型分析非国有董事治理积极性对国有企业资产保值增值的影响路径，并在此基础上，进一步采用调节效应检验模型，借助公司层面投资者保护的调节效应分析非国有董事治理积极性促进国有企业资产保值增值的形成机理，从而获取科学稳健的研究结论。在第五章和第六章中，本书以第四章的回归方法和模型为基础，利用调节效应检验模型，实证分析治理权力特征和外部治理机制对非国有董事治理积极性与国有企业资产保值增值关系的调节效应，并辅以变换指标测度、替换样本等方法验证结论的可靠性。

2. 两阶段回归（2SLS）

考虑到非国有董事治理积极性与国有企业资产保值增值间可能存在的遗漏变量、反向因果，为了缓解该内生性问题对实证结果的影响，本书借鉴已有研究成

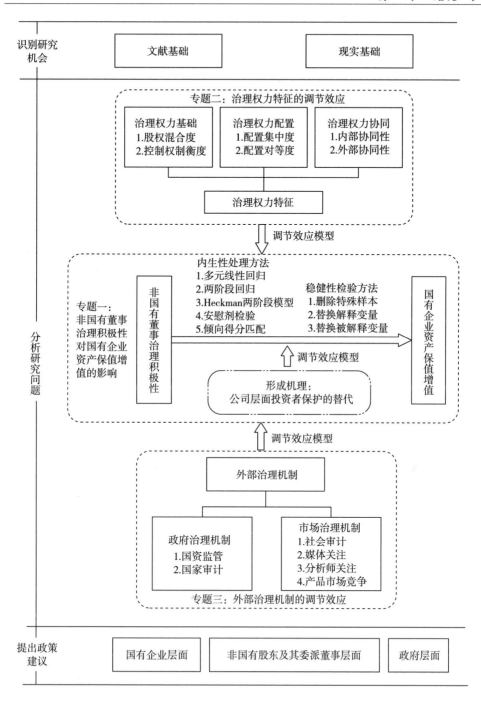

图 1-2　本书研究思路

资料来源：笔者采用 Visio 软件绘制而成。

果的思路（Ma & Khanna，2013；吴秋生和黄贤环，2017），结合理论分析，选择去除样本自身的非国有董事治理积极性的行业均值作为工具变量运用两阶段最小二乘法（2SLS）进行回归分析，以缓解反向因果关系和遗漏变量对结论可靠性可能产生的影响，增强实证结果的可靠性和政策建议的准确性。

3. Heckman 两阶段模型

考虑到本书研究样本经过剔除非商业类的国有企业样本、剔除不存在非国有董事的样本等多次筛选，因而研究结论可能受到样本自选择偏差引起的内生性问题。因此，为了缓解样本自选择这一内生性问题对研究结果的影响，参考郭晔等（2020）以及张超和刘星（2015）的稳健性检验思路，本书运用 Heckman 两阶段模型进行回归分析，从而缓解样本自选择偏差对结论可靠性可能产生的影响，以增强实证结果的可靠性和政策建议的准确性。

4. 安慰剂检验（Placebo Test）

为缓解内生性问题的影响，参考潘越等（2017）的稳健性检验思路，本书进行了安慰剂检验。具体思路为：如果将样本企业的非国有董事治理积极性进行随机替换，然后就随机替换后的非国有董事治理积极性与国有企业资产保值增值关系进行回归分析。如果回归结果不显著，说明非国有董事治理积极性是影响国有企业资产保值增值的重要因素；如果回归结果显著，则说明较高的国有企业资产保值增值水平，在非国有董事治理积极性较低的样本中同样存在，即非国有董事治理积极性不是影响国有企业资产保值增值的重要因素。具体过程为：首先，本书生成随机的自变量，使非国有董事治理积极性对国有企业资产保值增值的影响变得随机；其次，将随机分配的非国有董事治理积极性与国有企业资产保值增值进行重复回归 1000 次。在重复回归 1000 次后，如果自变量的回归系数显著为正与显著为负的占比均较小，说明随机分配非国有董事治理积极性的假设并不存在，即不存在严重的内生性问题。

5. 倾向得分匹配（PSM）

考虑到非国有董事治理积极性样本的数据分布结构存在不均衡的情况，使非国有董事治理积极性与国有企业资产保值增值的关系还可能受到样本选择性偏误的影响，本书借鉴已有研究成果的思路（Stiebale，2016；郑志刚等，2019），结合理论分析，采用 Logit 模型，以非国有董事治理积极性虚拟变量作为控制组和处理组的分组变量，以公司特征变量作为配对变量进行样本配对，进一步使用配对后的样本重新进行回归分析，从而控制样本选择性偏误对研究结论可靠性的影响。

第五节 研究创新

本书可能的创新表现在：

（1）基于董事会决策视角，以非国有董事"用手投票"代理其治理积极性，分析了非国有董事治理积极性对国有企业资产保值增值的影响及其路径，并进一步深入挖掘其中的形成机理，丰富了相关文献，打开了非国有股东及其委派董事发挥作用的"黑箱"。

（2）基于非国有股东参与国企混改的股权结构、控制权结构和委派人员治理行为，从治理权力基础、治理权力配置和治理权力协同三个方面，分析了治理权力特征对非国有董事治理积极性与国有企业资产保值增值关系的调节效应，深化了对基本关系的认识，为非国有股东及其委派董事科学有序参与国企混改提供了有益启示。

（3）基于外部治理机制与公司内部治理机制的互动影响关系，从政府治理机制和市场治理机制两个方面，分析了外部治理机制对基本关系的调节效应，丰富了相关文献，增强了研究结论的实践价值。

第二章　文献综述

本章首先梳理国有企业资产保值增值的影响因素研究文献；其次整理非国有股东参与国企混改的经济后果研究文献；再次归纳董事投票的经济后果与有效性研究文献；最后回顾外部治理机制与公司内部治理机制的互动影响关系研究文献。

第一节　国有企业资产保值增值的影响因素研究

关于国有企业资产保值增值的影响因素研究，以往文献已经从不同角度进行了广泛而深入的研究，依据本书研究主题，现从以下两方面梳理：内外部治理视角下国有企业资产保值增值的影响因素，混合所有制改革视角下国有企业资产保值增值的影响因素。

一、内外部治理视角下国有企业资产保值增值的影响因素研究

以往文献探讨了影响国有企业资产保值增值的内外部治理因素，研究结论有：

1. 内部因素

其一，企业制度与治理结构。一方面，国有企业的所有者缺位和国有股"一股独大"导致了代理主体的模糊和失效（徐传谌和孟繁颖，2007），公民所有者无法履行其所有者职能，缺乏作为国有资产所有者的激励（张家贞等，2008）；

另一方面国有企业缺乏竞争性，除表现在国有企业由于受到政府的恩惠而享有某种垄断地位外，还表现在国有企业由于仍然替政府承担着一部分社会性职能而缺乏平等竞争的能力（张凤林，1999），国有企业具有多重目标，存在相当数量的非市场机制及与社会性负担（戚聿东和张任之，2019；楚序平，2014），这进一步阻碍了其独立市场主体的形成，同时国有企业拥有隐性担保和政府保护，具有预算软约束和"自生能力"的问题（罗喜英和刘伟，2019；Dong et al.，2014；邵学峰和孟繁颖，2007），无法实现国有企业资产保值增值目标。已有文献认为，形成剩余提取、权力制衡的内部治理机制，是防止国有资产流失的关键（周志华，2016），建立现代企业制度，完善法人治理结构（Sun & Tong，2003；郑志刚等，2012；刘汉民等，2018）能够有效促进国有企业资产保值增值，且在门槛值内第一大股东股权规模扩大能够提升资产保值增值水平（李校红和郭檬楠，2020），与此同时，设立国有控股公司中间架构，提高国有企业境内母公司治理水平，推行"三重一大"决策机制有利于境外国有企业资产保值增值（周煊等，2012）。此外，陈仕华和卢昌崇（2014）认为，国有企业党组织能够抑制国有资产流失。

其二，会计与内部审计。已有文献认为，企业违反财务制度、不正当的会计行为会造成国有资产大量流失（王景升，1998；张日刚，2000），国有企业内部会计监督，有助于明确国有企业产权关系（伍中信，1997；周志华，2016；张晓文和李红娟，2016），并且强化财务资金管理和成本控制制度，使财务管理从被动应付和机械算账变为超前控制和科学理财（杨丽萍等，1999；周煊，2019），科学界定关联方、会计计量属性以及完善无形资产、合并报表的规定（杨卫武和李瑶亭，2007）均有助于促进国有企业资产保值增值。与此同时，国有企业内部审计监督（Kibet，2008；Radasi et al.，2015），能够提高财务报告质量（白重恩等，2006；Prawitt et al.，2009），抑制管理层的不当行为（Ege，2015），最终促进国有企业资产保值增值，而在国有企业改制的过程中存在的产权交易不规范、资产评估和审计结果失准则会造成国有资产流失（施松青和叶笃银，1999；王冀宁和刘玉灿，2006；王国兵，2007；周志华，2016；张梦雯和李继峰，2017）。此外，在"一带一路"倡议推进中，境外国有资产流失风险不断增加，如何有效防止境外国有资产流失变得日益重要（周煊，2019），境外信息监管和财务监管不足、境外审批过于僵化等是影响境外国有企业资产保值增值的重要原因（汤媛媛和杨春，2017；庄严，2018）。因此，就需要健全境外财务管理制度，加强海外并购项目的人员派出管理（杨波，2014；张惠琴和杨瑚，2017；周煊，2019），进一步地，张惠琴和杨瑚（2017）针对境外国有企业，构建了一个集总体战略、组织战略与运作战略为一体的系统化、动态化内部审计体系来防范国有资产流失、促进国有企业资产保值增值。

其三，内部控制。国有企业内部人控制会造成国有企业内部控制虚置、疏忽风险管理（黄速建，2014；王桂莲，2005），并且控股股东会利用控制权地位侵占国有资产（王冀宁和刘玉灿，2006），并且为了获取私人收益，国有企业内部人存在实行影响高质量发展短期行为的动机（郑志刚等，2012），会造成内部控制制度不健全和管理混乱（杨卫武和李瑶亭，2007），产生腐败性流失（周志华，2016），从而使有企业无法实现国有企业资产保值增值目标，甚至导致国有资产的流失，并且国有企业存在内部控制缺陷、内部控制缺陷数量越多，越不利于国有企业资产保值增值（郭檬楠和倪静洁，2020），建立健全国有企业内部控制制度，已成为使国有企业走出困境，保持国有企业资产保值增值的关键举措（田祥宇，2003；刘世林，2003；财政部财政科研所课题组，2003），有利于充分评价内部控制执行情况（Bell et al.，2015），降低两类代理成本（郭檬楠和倪静洁，2020），提升企业内部控制水平（Lin et al.，2011；Bruynseels & Cardinaels，2014），强化风险管理（王桂莲，2005），发挥咨询功能以提高公司运营效率、控制消耗（陈莹等，2016），在风险管理和内部控制等方面提出改进建议（闫学文等，2013），最终促进国有企业资产保值增值。此外，境外负责人决策权过大、贪污腐败、私人代持等道德风险行为（张虎和余稳策，2017），东道国政治环境不稳、文化差异（杨波，2014）是影响境外国有企业资产保值增值的重要原因，因此，就需要通过健全境外国有企业内部控制制度，发挥监事会作用来督促境外国有企业实现资产保值增值。

2. 外部因素

其一，社会审计与国家审计。已有文献认为，高质量的注册会计师审计除了具有促进公司治理效率提高的作用（Legoria et al.，2013；Francis et al.，2013），还具有有利于资产保值增值的作用（郭檬楠等，2021），与此同时，国家审计是防止国有资产流失的有效手段（施松青和叶笃银，1999），国家审计的"监"和"督"，特别是审计全覆盖有利于资产保值增值（吴秋生和郭檬楠，2018），进一步从对象覆盖面和内容覆盖面两方面区分后，郭檬楠和吴秋生（2019）发现国有企业审计对象覆盖面的扩大可以有效促进国有资产保值增值，在此基础上，郭檬楠和倪静洁（2019）提出了国家审计的最优内容组合。此外，李校红和郭檬楠（2020）发现国家审计可以缓解大股东"一股独大"对资产保值增值的负面效应，王艳艳等（2020）则研究发现地方审计厅厅长的任期越长，地方国企的过度投资、在职消费和盈余管理程度均显著提高，影响资产保值增值。马轶群等（2020）则针对境外国有企业，提出国家审计能够通过改变高风险的发生条件从而对国有资产流失产生治理作用。

其二，国资监管体制。已有文献认为，完善国有资本监督体系有助于实现国有企业资产保值增值（胡玉玲，2011），通过完善选派国企负责人制度、派出监事会、强化投资的前馈监管等方式加强国资委对国企的监管（周煊等，2012；周煊，2019），完善企业绩效考核评价指标体系，健全企业激励机制和追责机制都有助于国有企业资产保值增值（Groves et al.，1994；袁超娟，2016；周煊，2019）。以管资本为主的国资监管（廖红伟和杨良平，2018），建立严格的国有资产经营预算制度和国有资产财务审计制度（杨苗，2007；陈艳利等，2016）等均能有效促进国有企业资产保值增值。此外，党组巡视是监督管理的利器，是推动国企解决自身问题、督促国有资产保值增值的重要手段（张建平和张嵩珊，2019；郭檬楠等）。

其三，国资运营体制。已有文献认为，健全国有资产运营体制机制（施松青和叶笃银，1999；社科院工经所课题组，2014），探索国有资本投资运营公司的组建与运行（廖红伟和杨良平，2018），减轻政府的行政指挥（财政部财科所课题组，2003）等均有利于实现资产保值增值。要努力建立和完善国有资产审计制度、固定资产的转让调拨制度、国有资产的授权经营制度以及财政预算机制（白永秀和徐鸿，2001；社科院工经所课题组，2014），这些制度安排能够克服国资运营中的一些矛盾以实现国有企业资产保值增值。此外，针对目前资产流失问题由外部更多地转向更为隐蔽的企业内部的现状，完善国企财务会计制度和内部控制制度（周志华，2016；周煊，2019），治理小金库（罗飞，2012；张梦雯和李继峰，2017），实现价格评估机制的市场化、竞价交易机制的透明化（胡改蓉，2017）有助于实现国有企业资产保值增值。

二、混合所有制改革视角下国有企业资产保值增值的影响因素研究

基于国有企业混合所有制改革背景，一方面，已有文献认为推进国企混改有利于促进国有企业资产保值增值。混合所有制改革的实质是将国有企业与私营企业的制度壁垒打破，促进两者相互融合（蔡贵龙等，2018），缓解国有企业代理问题（李春玲等，2021），产生"1+1>2"的效应（李维安，2014），因此，混合所有制通过改变股权结构将有利于实现资产保值增值（祁怀锦等，2018），并且该促进效应在国有股控股、非国有股东持股比例介于1/3至2/3、垄断行业和经济政策不确定性较低的条件下更明显（祁怀锦等，2018），进一步地，从股权结构和控制权结构双维度分析发现，混改的深入性、股权的多样性、股权制衡度和非国有资本控制权对国有企业资产保值增值产生了正效应（廖志超和王建新，2021），并且混合所有制改革能够通过提升国有企业资本配置效率、社会责任信息披露质量实现国有资本保值增值的目标（周绍妮等，2020；廖志超和王建新，2021），并且相比于简单地引入非国有股权，非国有资本在控制权结构层面参与混改更能显著促进国有资产保值增值（独正元和吴秋生，2020），李明敏（2020）则以非国有股东是否委派及委派比例为测度指标，探究非国有股东的董事会权力对国有企业资产保值增值的影响。此外，李涛和方江燕（2021）探讨了混合所有制企业内党组织治理与国有企业资产保值增值的关系，研究发现党组织双向进入、交叉任职的领导体制有助于促进国有企业资产保值增值，且与"讨论前置"制度发挥着协同治理作用。

另一方面，也有研究注意到，混合所有制改革也可能导致国有资产流失。例如，在不考虑国有企业功能分类而选择"一刀切"的情况下，国有企业为了尽快完成混改任务，会使交易价格偏离国有企业产权价值，造成国有资产流失（段远刚，2017），或者在混合所有制改革过程中，国有资本与非国有资本处于非对称信息条件（蔡贵龙等，2018），由此相关利益方可能存在诸多道德风险或者寻租行为，即国有企业的监管者、管理层为了私利或由于制度缺失、知识结构所限导致国有资产贱卖等（周志华，2016；段远刚，2017；张梦雯和李继峰，2017），并且国有企业过于冗长的控制链不利于实现混合所有制改革目标（周绍妮等，2020）。而加强对混合所有制改革企业监管、加强混改方案法律审核、强化党组织治理能够有效化解国有企业混合所有制改革过程中存在的国有资产流失风险

（段远刚，2017；傅春杨和陆江源，2018；李涛和方江燕，2021）。

第二节 非国有股东参与国企混改的经济后果研究

以往文献从股权结构和控制权结构维度出发，考察了非国有股东参与国企混改的经济后果，研究结论有：

一、股权结构或控制权结构单维度下的研究

不同股东由于分别具有不同的治理行为及经济资源，从而其对企业的影响不同（汪平等，2015；Aghion et al.，2013；Laffont & Tirole，1993；Boateng & Huang，2017），因此，混合所有制改革下非国有股东持有股份进入国有企业会带来诸多影响。现有研究大部分聚焦于股权结构单维度下非国有股东参与国企混改的经济后果，部分研究则探讨了控制权结构单维度下非国有股东参与国企混改的经济后果。

1. 股权结构单维度下非国有股东参与国企混改的经济后果

其一，非国有大股东对混改国企的影响。在混合所有制企业内，非国有大股东不仅能够通过降低劳动力成本、提高管理层薪酬业绩敏感性来降低国有企业超额雇员（耿云江和马影，2020），同时还会减少企业选择本地小所的概率，并且其相对力量越强，其治理效应发挥得越充分，对国有企业选择本地小所的抑制作用越明显（马勇等，2019），进一步地，其集中度和制衡度对绩效具有双重门限影响（刘诚达，2019）。王美英等（2020）分析认为在国企混改进程中随着多个大股东的进入，对国有企业高管的制约效果越好，推动国有企业提高风险承担水平，并且该治理效应随其他大股东监督能力的增强而越显著。李明敏等（2020）则发现，异质股东股权对国有企业混改绩效只存在制衡作用，而异质股东非财务控制权除存在制衡作用外，还存在协同作用。

其二，非国有股东持股与股权混合度对混改国企的影响。推进非国有资本深度参与国企混改和国有企业市场化改革、营造内外部良好创新环境，有助于促进国有企业高质量发展（钱红光和刘岩，2019；杨萱，2019；周志强和李舜，

2020）。一方面，现有的研究探讨了非国有股东持股对国企混改的线性影响。股权混合度水平与国有企业冗余雇员为负向关系，并且在央企更为明显（冯埃生，2016）。股权多元化不仅增强了股权激励抑制内部人防御行为的效率，这种效应在非国有股比例较高的国有企业中更强（杨志强等，2016），也有利于减轻融资约束（庞廷云等，2019），还能够提高企业创新水平与创新效率，从而产生价值提升效应，并且地方所属、政府放权意愿强以及竞争性行业企业，该促进效应更显著（朱磊等，2019），进一步地，无论从混合深度还是从混合广度来说，股权混合均能够显著提高国有企业创新绩效（张斌等，2019）。非国有股东参股能够提升国有企业的社会责任信息披露质量，进而促进资产保值增值，市场化进程对国有企业混合所有制改革和社会责任信息披露质量之间的关系具有正向调节效应（周绍妮等，2020）。非国有资本持股能够通过加强内部控制和完善高管薪酬激励来促进国有企业技术创新，并且在非国有资本参股超过10%时更为稳健（李增福等，2021）。此外，非国有股东参与国企混改能够通过抑制非效率投资来提升国有企业价值（任广乾等，2020）。另一方面，也有研究关注到非国有股东持股对混改国企具有非线性的影响。股权混合能够促进资产保值增值，并且该治理效应在其持股比例在1/3至2/3时更明显（祁怀锦等，2018）。引入非国有资本有助于提高国有企业竞争力，并且外资资本和金融机构投资者的持股比例与企业竞争力呈倒U型关系（王运陈等，2020）。

其三，股权集中度与股权制衡度对混改国企的影响。在混合所有制企业，非国有资本与国有资本的制衡有利于公司业绩的增加（谢海洋等，2018）。钱红光和刘岩（2019）分析发现股权集中度与董事会有效性表现为负相关关系，而和其绩效表现为倒U型关系，与此同时，股权制衡度与董事会有效性的关系不明显，对其绩效的作用表现为后半U型关系（高明华和郭传孜，2019）。此外，其他文献则发现制衡性股权结构有助于绩效提升（杨萱，2019）。李小青等（2020）还发现股权集中度与创新绩效显著为负，而股权制衡度则与之显著为正，并且董事会中行政型董事和经济型董事比例能够强化上述效应。

2. 控制权结构单维度下非国有股东参与国企混改的经济后果

非国有股东以委派董事的方式参与公司的经营决策和治理活动，能够通过降低并购中的政治成本和代理成本来提升国有企业的并购绩效水平，并且委派非执行董事更能强化对并购绩效的治理效应（马勇等，2020）。王婧和蓝梦（2019）

由断裂带概念出发进一步发现，非国有股东委派人员进入董事会改变决策环境和决策行为，并且董事会断裂带能够强化混改对创新效率的治理效应。

二、股权结构和控制权结构双维度下的研究

在混合所有制企业，非国有股东除能够基于其持股比例在股权结构层面行使表决权而形成影响力外，还能够通过委派董事、监事和高级管理人员在控制权结构层面发挥作用（Jensen & Meckling，1976；Boateng & Huang，2017；吴秋生和独正元，2019）。部分研究认为，非国有股东持股与委派人员对混改国企具有一致的治理效应，而多数研究则认为二者具有不同的治理效应，即非国有股东通过委派人员参与国企混改会产生更为显著的治理效应。

1. 非国有股东持股与委派人员对混改国企具有一致的治理效应

非国有股东持股比例与非国有股东委派人员、国有企业绩效显著正相关，非国有股东委派人员在非国有股东持股比例与企业绩效间的关系中起着部分中介作用（谢海洋等，2018）。随着非国有股东持股和委派人员占比上升，混改国企的分红倾向及水平越高（洪正和袁齐，2019），费用黏性越低（廖飞梅等，2020），股利平稳性越强（陈艳利和姜艳峰，2020），创新水平越高（王春燕等，2020）。与此同时，非国有股东持股比例和非国有股东委派董事比例越高，混改国企的投资效率越高，并且主要体现在对央企过度投资的抑制（吴琳芳等，2019），以及对地方国企投资不足的缓解（向东和余玉苗，2020）。此外，国企混改股权结构的深入度、制衡度和控制权转移以及非国有股东委派人员均有助于降低多元化经营的程度、提高多元化经营的价值（杨兴全等，2020）。廖志超和王建新（2021）则研究发现混改的深入性、股权多样性、股权制衡度和非国有股东委派人员能够通过提升国有企业资本配置效率来对国有企业资产保值增值产生正相关效应，且该效应在市场化程度较高地区更加显著。

2. 非国有股东持股与委派人员对混改国企具有不同的治理效应

在国有企业混合所有制改革下，非国有股东仅持有公司股权难以有效产生显著的治理效应，而非国有股东通过委派人员参与国有企业治理更能发挥积极的治理作用（Raheja，2005；Aghion et al.，2013；刘运国等，2016；Boateng & Huang，2017；刘汉民等，2018）。现有文献从多个角度验证了上述观点：相较于单纯的股权结构变化，非国有股东经由委派人员参与改革有利于减轻国有企业过

度负债（吴秋生和独正元，2019），改善内部控制质量（刘运国等，2016），提高国有企业内部人的薪酬业绩敏感性，降低其超额薪酬及在职消费（Jiang et al.，2016；蔡贵龙等，2018），提高会计信息质量（曾诗韵等，2017）。针对混合所有制企业的控制权安排，刘汉民等（2018）明确了股权和控制权非对等配置的逻辑合理性，结果证实相比于董事会结构、股权结构对绩效的作用较弱。与此同时，股权结构变化无法缓解国有企业高管腐败，而控制权结构变化则能够带来明显的治理效应（张任之，2019），而孙姝等（2019）也从抑制非效率投资行为方面得到类似的结论，进一步地，控制权结构变化尤其对意愿性非效率投资具有更强的效果。非国有股东仅通过持股难以对国有企业审计收费产生影响，而非国有股东委派董事切实参与国有企业公司治理能够通过缓解国有企业委托代理问题和减少集团审计来显著降低审计收费（汤泰劼等，2020）。此外，非国有股东向国有企业委派董事还可以缓解委托代理问题和改善公司治理，从而降低国有上市公司财务重述的概率，特别是盈余降低型财务重述，而非国有股东仅持有股权难以产生相应治理作用（蔡贵龙等，2021），李春玲等（2021）则检验了非国有股东治理与国有企业创新投入之间的关系，同样取得了一致的研究结论。

第三节 董事投票的经济后果与有效性研究

关于董事投票的经济后果与有效性研究，当前文献主要涉及以下两个方面：董事投票行为的经济后果，董事投票行为与投票制度的有效性。

一、董事投票行为的经济后果研究

从投票行为的主体来看，现有文献大部分是围绕独立董事的投票行为展开，部分文献则探讨了董事会中其他类型董事的投票行为。

1. 独立董事投票行为的经济后果研究

已有文献认为独立董事的投票行为在公司层面和董事个人层面均会产生显著影响。其一，独立董事的投票行为在公司层面的经济后果。当前学界基本认为，董事"用手投票"发表异质性意见能够相当程度缓解内部人控制，提升治理水平（Wang et al.，2016；Jiang et al.，2016），因此，董事"用手投票"已经成为其发挥决策与监督职能的重要形式。并且独立性是独立董事制度的灵魂，而在董事会会议中发表独立意见也是独立董事监督功能和独立性的重要体现（刘琳晨等，2019；Moss，1982），独立董事投非赞成票表明该公司独立董事的独立性较强，不仅能够有效缓解外部股东和内部人之间的代理问题，抑制大股东对公司的掏空行为（李维安和徐建，2014），还能降低银行贷款、现金股利及关联占款（Tang et al.，2013）。与此同时，独立董事的投票行为能够通过公开质疑，甚至否决议案向公众传递该议案可能损害股东利益的信号，对投资者起到一定的警示作用（Du et al.，2012；Ma & Khanna，2013），提高市场透明度（Jiang et al.，2010；Jiang et al.，2016），防范股价崩盘风险（梁权熙和曾海舰，2016），还会吸引监管部门的注意，从而对上市公司实施有效的监督（Lin et al.，2012），并且相关议案内容在被质疑之后约2/3的事项在下一年得到了改善（叶康涛等，2011），从而增加了管理层谋取私有收益的难度，增加高管变更的概率（Tang et al.，2013），公司股票收益率在之后两年内会有更加明显的提升，改善了公司绩效（祝继高等，2015），提高了公司价值（叶康涛等，2011；徐祯和陈亚民，2018），并且在盈利能力较差、高杠杆、低成长、委托代理成本严重以及存在关联交易的公司，独立董事更有可能"用手投票"，这表明当公司面临危机时，独立董事能够发挥其积极的治理效应（Lin et al.，2012；Tang et al.，2013；Ma & Khanna，2013；徐祯和亚民，2018）。此外，由于独立董事的投票行为提高了会计透明度，这能够使公司正向盈余管理的水平明显低于无异议独董的公司（刘桂香等，2014）。

其二，独立董事的投票行为在董事个人层面的经济后果。一方面，现有研究发现独立董事投非赞成票会给独立董事个人产生不利影响。独立董事投非赞成票会降低其收入（Du et al.，2018），增加其离职的概率（唐雪松等，2010；Ma & Khanna，2013），降低其未来连任的可能性（郑志刚等，2016），因此独立董事往往不会公开质疑，独董所预期的公司治理角色由于"逆淘汰"机制等的存在而大打折扣（郑志刚等，2016，2019）。另一方面，也有分析认为独立董事投非赞成票也会给其带来有利影响。独立董事投非赞成票是一种积极的监督行为，能够提高其之后从外部独立董事市场中得到董事履职机会的可能性（Jiang et al.，2016）。

2. 其他类型董事投票行为的经济后果研究

已有研究认为，相比于具有真实股东背景的其他类型董事，独立董事并不代表特定股东权益，旨在保护全体股东特别是中小股东权益（唐清泉和罗党论，2006），大股东或管理层对其实际产生过程起着十分重要的影响（杨典，2012），因此，其他类型董事的投票行为也具有其相应的治理效应。相较于控股股东委派董事而言，独立董事投票说不的概率较低，非控股股东董事投票说不的概率较高（祝继高等，2015），这表明非控股股东董事更具有"对抗态度"（Jiang et al.，2016），而独立董事则具有明显的风险厌恶，进一步地，非控股股东董事投票说不有助于改善未来企业绩效（祝继高等，2015）。此外，若银行关联董事所在公司未受到产业政策支持，则其投票说不的可能性会提高，会有利于抑制过度投资并提升企业价值（祝继高等，2015）。相较于普通独立董事，明星独立董事在"雇用"关系中处于上风，但其在业绩较差、经营风险较高的企业，明星独立董事仍不愿意投非赞成票，这说明中国上市公司明星独立董事监督作用并不显著，进一步地，"雇用"明星独立董事是为了提高股票市场的稳定性而进行的投资者关系管理行为（吕荣杰等，2017）。

二、董事投票行为与投票制度的有效性研究

1. 董事投票行为的有效性

现有研究主要围绕独立董事投票行为的有效性展开研究，部分文献也分析了非控股股东委派董事等其他类型董事投票行为的有效性。一方面，部分研究认为董事投票行为是无效的。设置独立董事是克服代理问题的重要机制（Fama & Jensen，1983）。然而在公司治理实践中，独立董事可能会由于职位、薪酬等各种因素受制于公司管理层权力的影响（权小锋等，2010），独立董事与管理层之间的信息不对称（Wade et al.，1990；祝继高等 2015），而使独立董事在绝大部分情况下不会公开质疑管理层行为，更多地扮演"橡皮图章"的角色（Mace，1986），董事会决策并不能真正发挥作用（Kesner et al.，1986；Jensen，1993；Hermalin & Weisbach，2003；叶康涛等，2011），并且向独立董事隐瞒信息会进一步降低其投票有效性（Adams & Ferreira，2007），Schwartz－Ziv 和 Weisbach（2013）也发现，有2.5%的情形董事会部分或者完全反对 CEO 的提议，这么低比率的非赞成票表明，董事投票时会尽量与其他董事保持一致，这会损害董事会决策的有效性。同时，由独立董事增加而产生的额外协调时间会产生消极作用（Donaldson & Davis，1994），而实际控制人超额委派董事则限制了其他类型董事数量，必然降低董事投非赞成票的可能性，进而影响董事投票行为的有效性（郑志刚等，2019）。另一方面，部分研究认为董事投票行为是有效或者部分有效的。Pfeffer（1972）、Zahra 和 Pearce（1989）发现，独立董事具有社会资源效应，Schwartz-Ziv 和 Weisbach（2013）发现，多数情况下独立董事的监督效应明显，而且是一个积极的监督者，即董事会的决策总体上是有效的。Warther（1998）的理论模型认为，独立董事一般不会提出公开反对，而当业绩表现糟糕时，董事会进行动作以稳定局面，Hermalin 和 Weisbach（1998）、叶康涛等（2011）也得出一致的结论，并且一旦出现独立董事投非赞成票的情况就会对投资者产生一定的警示作用（Ma & Khanna，2013）。进一步地，任职时间长、具备财务背景、负有声誉的独立董事，以及董事会中的其他类型董事投票说不的概率更高，这表明各类董事能够发挥治理效应，并且独立董事的监督行为能够缓解代理问题，提高公司价值（叶康涛等，2011；刘桂香等，2014；祝继高等，2015；Jiang et al.，2016）。王言等（2019）则比较了独立董事监督、咨询和决策职能的有效性。此外，具有会计抑或公司高管背景的独立董事投票说不的概率更大（刘琳晨等，2019），并且，压力效应是中国情境下独立董事履职的重要机制之一，即在面临较高的外部舆情压力和监管压力时，独立董事异议行为会增加（周泽将和王浩然，2021）。

2. 董事投票制度的有效性

其一，静态投票机制与序贯投票机制。在不考虑董事会人员选拔机制与激励约束机制情况下，科学的董事会决策机制是达到公司治理目标的关键（Gillett et al.，2003；王平和刘璐，2010）。现有的决策机制主要是静态投票机制，出于提高决策效率，即提高好项目通过的概率与降低坏项目通过的概率的目的，越来越多地研究探讨了序贯投票机制。Gillette 等（2003）发现董事会独立性提高利于增强决策有效性，王平和刘璐（2010）进一步扩展了 Gillette 等（2003）的基本模型，比较了上述两种投票机制的决策效率，研究发现序贯投票机制下信息传递的顺畅度显著提高，将有效提高好项目通过的概率，与此同时，坏项目通过的概率将会因为全部内部董事勾结造成信息传递"失真"而提高，但是在引入惩罚机制后董事会决策效率会提高。进一步地，利他惩罚偏好是中国独立董事公平投票的内在动机，然而，形式独立能够通过组别偏好的作用对内在激励产生挤出效应，不利于投票行为的公正性，因此，要保证独立董事公平投票，就需要合理规范独立董事的选择来源（唐方方和高玥，2013）。

其二，累积投票机制与委托投票机制。由简单关注独立董事规模变为督促其勤勉，实施累积投票制度和委托投票机制，有助于切实保护中小股东权益（唐跃军和徐飞，2007；叶康涛等，2011；袁蓉丽等，2016）。在股权集中的条件下，累积投票制有助于中小股东维护自身权益，限制大股东的各种侵占行为（杜晓君，2002），进一步地，刘云华（2003）提出，累积投票制无论在理论上还是在实践中，都是为了实现股东投票权现实可能性的公司治理目标的首要选择。与此同时，构建大股东与中小股东间股权委托投票机制，特别是当大股东在企业占据明显主导优势的情境下，有助于集合中小股东的力量（辛志红和胡培，2003），在实施过程中，通过收拢中小股东投票权，对大股东形成制衡和监督，尽最大可能提高投资者保护程度（蒋铁柱和陈强，2004），从而对公司决策产生影响（熊海斌，2002）。此外，李维安和唐跃军（2005）、唐跃军和谢仍明（2006）同样探讨了累积投票制度、代理投票制度（征集投票权）、网络投票对中国上市公司中小股东权益保护的影响。

第四节　外部治理机制与公司内部治理机制的互动影响关系研究

关于外部治理机制与公司内部治理机制的互动影响关系研究，依据外部治理机制所属主体，笔者从政府治理机制和市场治理机制两个角度对现有文献进行梳理。

一、政府治理机制与公司内部治理机制的互动影响关系研究

基于政府主体角度，下文从国资监管与国家审计两方面梳理现有文献。

1. 国资监管与公司内部治理机制的互动影响关系研究

国资监管是国有企业一项重要的外部治理机制，国资监管的内涵及其变化会

对国有企业内部治理机制产生诸多影响。

其一，关于管人、管事、管资产的国资监管主题。在管人、管事、管资产的国资监管下，国有资产监管机构依然保留着直接干预、行政色彩浓厚的特点，产生了政企不分、缺位和越位、国有企业多头管理、权责不清晰等诸多弊病（王曙光和王天雨，2017；廖红伟和杨良平，2018），国有企业无法成为独立市场主体（张晓文和李红娟，2016），并且国务院国资委对国有控股企业和国有独资企业的监管逻辑基本相似，国有参股企业则游离于国资监管体系之外，处于"中空"地带，这本质上是对中小股东利益的忽视（沈昊和杨梅英，2020）。此外，沈昊和杨梅英（2020）针对管人、管事、管资产的弊端，为我国新型国资监管的形成和完善提出了逆向监管以及参控同管的改革方向。

其二，关于以管资本为主的国资监管主题。以管资本为主的国资监管，有助于国有资本优化配置和效率提升（徐文进，2020）。一方面，以管资本为主使国资委只承担国有资产出资人的角色，督促国有企业进一步完善公司治理机制，有利于真正确立国有企业市场主体地位，发挥各类股东的治理积极性（廖红伟和杨良平，2018）。另一方面，成立国有资本投资运营公司作为各级政府履行出资人职责的代表，有助于合理地明晰国有资本监管与收益的范围（徐文进，2020），形成政企之间"隔离带"界面（赵斯昕，2020），此外，完善国有企业公司治理结构是实现"以管资本为主"的有力保障（胡锋和石涛，2019）。

其三，关于国资监管转变主题。国资监管向以管资本为主转变配合国有企业股权多元化，可以极大制衡国有资产监管机构对企业内部决策的控制程度（廖红伟和杨良平，2018），还能充分利用国有资本与社会资本的互补优化功能，缓解国资委与国有企业间的代理问题，改善国有企业投资决策的内外部治理机制（陈艳利和姜艳峰，2021）。在此基础上，根据"自组织"理论（Stoker，1998），国资监管转变后，能够激励管理者更积极地进行国有企业治理（陈艳利和姜艳峰，2021），提升高管薪酬业绩敏感性（卜君和孙光国，2021）。此外，国资监管体制变迁对混合所有制企业的公司治理具有积极作用，使国有企业董事会职能真正得到落实（夏冰和吴能全，2020）。

2. 国家审计与公司内部治理机制的互动影响关系研究

国家审计是国有企业治理体系的一项重要制度安排，会对国有企业内部治理机制产生诸多影响。

其一，关于内部控制主题。国家审计能通过促进国有企业改善经营管理、监督相关经济责任人责任的履行促使内部控制的完善（李江涛等，2015），从而提高内部控制质量，缓解第一类代理问题等改善公司治理水平，提高全要素生产率（郭金花和杨瑞平，2020），褚剑和方军雄（2018）同样研究认为，国家审计能够改善被审计中央企业集团所属上市公司内部控制设计和运行有效性，但是，该研究发现国家审计的治理效应具有短期限和阶段性，具体来讲，国家审计只能对控制环境在审计介入后的一年内形成积极作用，无法对其他要素达成明显效果，即国家审计对内部控制存在部分改善效应，国有企业内部控制制度的构建与完善仍离不开其他治理手段。

其二，关于管理层行为及其腐败治理主题。国家审计能够显著抑制内部人腐败（刘瑾等，2021），并且经由改善会计信息质量，国家审计介入有助于打破国有企业内部人所涉及的腐败与政府机构、投资者抑或全体公民之间的藩篱，大大降低国有企业内部人的超额在职消费，并提升薪酬业绩敏感性（褚剑和方军雄，2016）。此外，国家审计介入有助于督促国有企业内部人增强风险承担意愿，特别是存在多个大股东治理的实践情境下，国家审计能够更好地促进企业提高风险承担水平，但管理层权力会降低国家审计对企业风险承担的促进作用（王美英等，2020）。

其三，关于国有企业改革主题。国有企业被国家审计介入的可能性会受到国有第一大股东持股规模的影响，这除了有利于对国有企业内部人产生隐性约束和限制，还有利于国有企业内部人在晋升以及考核的动机或者压力下，增强履职勤勉程度，更加关注资产保值增值（李校红和郭檬楠，2020）。此外，国家审计机关进驻被审计国有企业，能够为非国有资本有效参与公司治理开辟新途径，非国有资本及其委派人员针对内部人的违规违法行为或者企业在经营管理过程中存在的问题进行反映和线索提供，发挥与国家审计的协同作用，有效缓解国有企业信息不对称程度，让国家和国有企业监管部门了解国有企业的真实负债情况和盈利能力，减少国有企业管理层的机会主义行为（褚剑和方军雄，2018），抑制其过度投资（王兵等，2017）。

二、市场治理机制与公司内部治理机制的互动影响关系研究

基于市场主体角度，下文从社会审计、产品市场竞争、媒体关注及分析师关注四方面梳理现有文献。

1. 社会审计与公司内部治理机制的互动影响关系研究

社会审计是国有企业一项重要的外部治理机制，会对国有企业内部治理机制产生诸多影响（马可哪呐等，2016；王彦超和赵璨，2016）。

其一，关于内部控制主题。社会审计所体现的治理效应与企业内部治理机制的有效性存在紧密关系，社会审计的甄别与鉴证功能在被审计单位拥有有效的内部治理机制的情境下具有更为突出的积极作用（方军雄等，2004）。特别地，审计风险在很大程度上由内部控制水平决定，低质量的内部控制将提升审计收费（Raghunandan & Rama，2006），进一步地，方红星和刘丹（2013）发现在高质量内部控制条件下，审计师变更和内部控制具有替代表现，与此同时，在社会审计缓解盈余操纵中，社会审计和内部控制同样具有替代表现（张嘉兴和傅绍正，2014），此外，社会审计与内部控制在提高企业全要素生产率中发挥了替代效应（郭檬楠和李校红，2020）。

其二，关于腐败治理与高管行为主题。王彦超和赵璨（2016）发现高质量的社会审计在一定程度上能抑制高管的腐败行为，提高公司治理水平。进一步地，随着控制权的增强，社会审计对腐败的治理功效会被强权高管牵制，无法发挥其应有的监管作用（王丽娟和耿怡雯，2019）。此外，社会关系体现在同窗关系及同乡关系等，存在于注册会计师与独立董事间的社会关系能够加强相互交流、协作抑或制衡，从而提升社会审计质量（张宏亮等，2019）。

其三，关于信息治理主题。社会审计在资本市场上起着信息甄别和鉴证的作用，是资本市场制度框架下确保信息真实可靠的重要机制之一，它可以保证财务会计信息的真实和可靠。社会审计也能在公司治理中发挥作用，是解决信息不对称和代理问题的重要机制（Jensen & Meckling，1976；Fan & Wong，2005）。审计师的财务报表审计是公司治理的一个重要方面（Fan & Wong，2005），注册会计师审计有助于内部人的操纵行为进行充分约束，提高财务信息的准确性（Jayaraman et al.，2015），因此，社会审计通过促进微观主体改善治理、提高自身质量，确保了市场经济信息的真实性和可靠性，有效实现了减少整个市场的信息不对称和防范资本市场风险蔓延的监管目标（马可哪呐等，2016）。

2. 产品市场竞争与公司内部治理机制的互动影响关系研究

产品市场竞争是国有企业一项重要的外部治理机制，会影响国有企业内部治理机制。

其一，关于高管薪酬激励主题。产品市场竞争可以产生一种非合同式的隐含激励，通过业绩标杆的方式为股东传递高管的努力程度与经营能力的信息，降低委托人与代理人之间的信息不对称程度，解决信息不对称下的高管激励问题，从而能够抑制高管的代理行为（Vicker，1995），加强管理者薪酬绩效敏感性（Cuñat & Guadalupe，2005；Baggs & De Bettignies，2007）。与此同时，该治理效应在国有企业中影响明显（刘志强，2015），即可以对国有企业内部人就其薪酬的机会主义行为产生限制，缓解管理层权力对薪酬机制的破坏效应（王东清和刘艳辉，2016）。此外，产品市场竞争还会对公司产生破产警示和声誉效应，能够对国有企业内部人的谋取私利的机会主义行为形成制约，缓解代理问题（陈晓珊，2017）。

其二，关于股权结构主题。竞争机制与董事会治理、CEO董事长二职合一具有替代表现，而与股权结构、管理层激励具有互补表现（Aghion et al.，1999）。随着产品市场竞争程度的上升，股权结构对公司特质风险的公司治理效应下降（花冯涛等，2017）。企业在产品市场中的竞争优势越强，上市时选择双重股权结构的概率越大，并且选择该结构后也将更有利于实现企业绩效和股东价值，进一步地，竞争机制还可以对大股东的超额派现活动形成明显限制（屈晶，2019）。此外，产品市场竞争优势通过显示内部股东的能力来影响外部股东对双重股权公司的选择（杜媛等，2021）。

其三，关于管理层行为主题。激烈的外部产品市场竞争可以与企业内部治理机制形成替代或者互补（杨婧和许晨曦，2020）。产品市场竞争作为一种外部治理机制，其产生的清算压力在约束管理层机会主义行为方面会产生积极作用，竞争环境为行业业绩提供了标杆，降低信息不对称程度（Alchian，1950），能够充分披露和显示经理人各自的勤勉程度和掌舵能力，从而有利于股东在内的利益相关者对经理人进行监督，大大降低了道德风险（曹裕，2014）。与此同时，企业在残酷的竞争机制中出现经营亏损甚至破产倒闭的风险显著提升，出于不同动机，经理人的努力程度和自我约束程度均会增强（Schmidt，1997）。

3. 媒体关注与公司内部治理机制的互动影响关系研究

媒体关注是国有企业一项重要的外部治理机制，媒体关注减少了投资者获取信息的成本（Burgstahler et al.，2006），降低信息不对称（Dyck et al.，2008），有效弥补内部治理结构存在的缺陷，与内部治理机制形成互补作用（Miller，2006）。

其一，关于信息治理主题。媒体的本质是一种信息传递中介，媒体关注能够有效地降低利益相关者主体间的信息不对称程度、降低信息风险（Fang & Peress，2009），并且媒体为利益相关者提供了一条获取信息的渠道，在一定程度上激发利益相关者参与公司治理的积极性（凌士显和白锐锋，2017）。媒体关注可以帮助公司股东更有效地监督管理层的行为，减少信息获取的成本，降低管理层谋取个人私有收益的机会和可能性（Dyck et al.，2008）。Miller（2006）发现大部分公司在舆论压力之下，管理层会采取相应的改正调整措施，从而有效地抑制公司的舞弊行为，Dyck 等（2013）也发现了相似的研究结论。媒体关注能够对经理人的盈余操纵活动施加约束，改善会计信息（权小锋等，2010）。此外，凌士显和白锐锋（2017）还发现媒体关注可以增强内部治理机制的效能，同时，完善高效的内部治理机制也可以提升媒体关注的治理效果。

其二，关于股东和管理层行为主题。媒体关注发挥治理效应的形成机理包括声誉机制、监督机制和市场压力机制等（田高良等，2016），媒体关注不仅能够通过降低管理层的盲目自信改善公司的非效率投资水平（顾露露等，2020），还能够密切监督大股东和管理者的行为，从而能够在一定程度上抑制和规避经理人机会主义行为的出现（醋卫华和李培功，2012），从而降低控制权私有收益，减少代理成本（Dyck et al.，2008），并且媒体关注特别是负面报道还能够通过内部控制路径来显著抑制高管获取私有收益的行为（张璇等，2019）。媒体关注能够在一定程度上抑制经理人薪酬过高的问题（杨德明和赵璨，2012；李培功和沈艺峰，2013）。此外，媒体关注能够引起核心利益相关者的互动（Gorman et al.，2010），并且媒体关注在一定程度上可以决定董事成员未来的市场价值，这将能够促进董事会尤其是独立董事更好地履行自身职责，而不再仅仅扮演一个"橡皮图章"或"花瓶"的角色（凌士显和白锐锋，2017）。

4. 分析师关注与公司内部治理机制的互动影响关系研究

分析师关注是国有企业一项重要的外部治理机制，分析师是资本市场中信息的挖掘者、传递者及企业未来经营的预测者，分析师关注具有信息中介和外部监督作用，能够降低两权分离引起的代理成本。

其一，关于信息治理主题。分析师关注作为一种重要的外部公司治理机制能够发挥信息中介的作用，较多的分析师关注意味着企业更高水平的曝光，降低了投资者、股东与 CEO 之间的信息不对称，从而导致资本市场对公司内部人的约束水平提升（Shroff et al.，2014），大大降低经理人实施私利行为的概率（Jensen & Meckling，1976），受到分析师跟踪的公司其会计稳健性较强，可以有效减弱内部控制缺陷带给机构投资者的负效应（林钟高和陈曦，2017），对财务报表的生成可以起到监督作用（Knyazeva，2007）。分析师能够通过发布研究报告或盈余预测信息发挥公司治理中外部信息披露的中介作用，提高公司信息透明度（张宗新和周嘉嘉，2019），有效抑制大股东减持情境下的业绩操纵行为（李梅等，2021）。

其二，关于股东和管理层行为主题。分析师关注作为一种重要的外部公司治理机制能够发挥外部监督的作用，从而影响高管和股东的行为，大大降低高管和股东对公司资源的滥用行为（Miller，2006；Dyck et al.，2010），已有研究发现，分析师具有注意力吸聚能力，分析师关注将吸引市场投资主体的注意，此时，经理人的机会主义活动会受到市场中"无形之眼"的约束，在事前阻止了经理人的私利活动，改善了会计信息质量（刘柏和琚涛，2021），分析师关注有助于约束企业管理层以牺牲环境为代价的利己行为而显著提升企业环境治理绩效（程博，2019）。许婴鹏和郭雪萌（2016）采用窗口事件法研究发现，分析师关注能够有效遏制高管交易行为的择时能力和实际获利能力，显著降低高管短期（长期）交易行为的超额收益。进一步地，在非国有企业和信息披露质量更高的企业中分析师关注对高管在职消费的抑制效应更显著，并且监督能力越强的分析师更能限制高管在职消费行为（郭建鸾和简晓彤，2021）。此外，分析师关注还能增强公司经理人队伍的稳定性，从而缓解高管强制变更对创新的破坏效应（曾军等，2020）。

第五节　文献述评

综上所述，学者们考察了国有企业资产保值增值的影响因素；研究了非国有股东参与国企混改的经济后果；探讨了董事投票的经济后果与有效性，分析了外部治理机制与公司内部治理机制的互动影响关系。以往文献为本书研究非国有董事治理积极性与国有企业资产保值增值的关系做好了铺垫。

第一，关于国有企业资产保值增值的影响因素研究，现有文献主要从内外部治理视角以及混合所有制改革视角探讨了国有企业资产保值增值的影响因素。以往虽然有部分文献研究了国有企业在混合所有制改革背景下如何促进资产保值增值，但相关研究仅从股权和控制权结构角度进行分析，尚无文献进一步从董事会决策过程出发，深入探讨非国有董事通过"用手投票"参与混改国有企业治理的保值增值效应。

第二，关于非国有股东参与国企混改的经济后果研究，现有文献从股权结构和控制权结构两个方面进行了单维度或者双维度的研究，而就国有企业资产保值增值主题而言，已有研究初步探讨了非国有股东参与国企混改对国有企业资产保值增值的影响，祁怀锦等（2018）仅从股权结构方面分析股权混合度对资产保值增值的影响，李明敏（2020）主要从控制权结构方面分析非国有股东是否委派人员以及委派人员比例对国有企业资产保值增值的影响，而周绍妮等（2020）则同时从股权结构和控制权结构方面进行分析。但是，由于控制权行使是非国有股东参与混改国有企业治理的主要抓手和主要表现，并且非国有股东控制权行使的主要途径是其委派非国有董事进入混改国企董事会并进行理性投票表决。因此，以上研究虽然证实非国有股东委派董事有助于促进国有企业资产保值增值，但却缺乏董事会决策过程的直接证据，这会产生较大幅度的逻辑跳跃，并不能深刻揭示非国有股东委派董事在控制权结构层面发挥治理作用的制度基础。与此同时，已有文献探讨了非国有大股东、股权混合度、股权集中度、股权制衡度以及控制权对等度等治理权力特征的后果影响，但鲜有文献对相关治理权力特征进行全面梳理，更没有基于董事会投票行为深入分析上述治理权力特征对非国有董事投票行为（治理积极性）的影响。

第三，关于董事投票的经济后果与有效性研究，一方面，从投票行为的主体来看，以往文献大部分是围绕独立董事的投票行为展开，分析了独立董事的投票行为对公司层面以及对董事个人层面的影响；部分文献则探讨了其他类型董事的投票行为，这些文献则认为相比于具有真实股东背景的其他类型董事，独立董事在治理动机和能力上受到限制，并且其代表的全体股东特别是中小股东权益与其他类型董事所代表的特定股东权益不同，由此分析了银行关联董事、明星独立董事和非控股股东董事等其他类型董事的投票行为。但是，这些董事无论在所有权性质，还是拥有的治理能力、代表的股东范围等都与非国有董事有本质区别，尚无文献基于国有企业混合所有制改革背景探讨非国有董事的投票行为（治理积极性）。另一方面，从董事投票行为与投票制度的有效性来看，以往文献主要围绕独立董事投票行为的有效性展开研究，部分文献也分析了非控股股东委派董事等其他类型董事投票行为的有效性与董事投票制度的有效性，但是现有研究结论还存在争议，目前尚无文献基于国有企业混合所有制改革背景研究非国有董事投票行为的治理效应。

第四，关于外部治理机制与公司内部治理机制的互动影响关系研究，已有文献依据外部治理机制所属主体，从政府和市场两个角度进行了丰富研究，具体包括国资监管以及国家审计等两个政府治理机制，社会审计、产品市场竞争、媒体关注以及分析师关注四个市场治理机制。但是，现有文献一方面仅局限于某种外部治理机制与公司内部治理机制的关系，不够全面，另一方面是鲜有文献基于国有企业混合所有制改革背景，分析各外部治理机制与混合所有制企业内部治理机制的互动影响关系，尚无文献系统地从政府治理机制和市场治理机制两个主体角度分析外部治理机制与混改国企内部治理机制——非国有董事治理积极性的互动影响关系。

基于此，本书首先考察非国有董事治理积极性对国有企业资产保值增值的影响及其路径，并进一步从公司层面投资者保护视角检验了其形成机理，为后文的调节机制分析提供理论基础。其次从治理权力基础、治理权力配置和治理权力协同三个方面对治理权力特征进行刻画，并分别考察股权混合度、控制权制衡度、配置集中度、配置对等度、内部协同性以及外部协同性对基本关系的调节效应。最后考虑外部治理机制与公司内部治理机制的互动影响，进一步考察国资监管以及国家审计两个政府治理机制，以及社会审计、产品市场竞争、媒体关注以及分析师关注四个市场治理机制对非国有董事治理积极性与国有企业资产保值增值关系的调节效应。

第六节 小结

依据本书的研究主题与研究内容，本章对已有相关文献进行了梳理与述评。首先，归纳了国有企业资产保值增值的影响因素研究文献；其次，整理了非国有股东参与国企混改的经济后果研究文献；再次，梳理了董事投票的经济后果与有效性研究文献；复次，回顾了外部治理机制与公司内部治理机制的互动影响关系研究文献；最后，对上述相关文献的观点与结论进行了述评，从而进一步论证了本书的创新性和研究意义，为下文研究内容的展开奠定了相关基础。

第三章 制度背景、理论基础与研究框架

本章首先对国有企业混合所有制改革与资产保值增值的制度背景进行梳理和剖析，建立了研究非国有董事治理积极性与国有企业资产保值增值关系的实践基础。其次阐述了国有企业混合所有制改革研究常用的基础理论，为后文的理论分析与假设提出准备了理论基础。再次通过回答治理权力从何而来、治理权力如何规划、治理权力是何表现三个问题，探讨了治理权力特征的刻画，同时依据各治理机制所属主体，分析了外部治理机制的主体选择。最后针对非国有董事治理积极性与国有企业资产保值增值的研究主题构建了研究框架。

第一节 国有企业混合所有制改革与资产保值增值的制度背景

一、国有企业混合所有制改革的历程概述

相较于世界上其他国家发生的国有企业私有化或者民营化改革，中国进行的国有企业混合所有制改革具有独特的中国含义（綦好东等，2017；郑志刚，2019；毛新述，2020）。国有企业混合所有制改革是基于中国国有企业国有股"一股独大"的现状以及根植于国有产权性质而产生的所有者缺位弊端而产生的，旨在通过首次公开上市、引入非国有资本参股进入国有企业、国有企业员工

持股等多种途径，在提高国有企业股权多元化的基础上，建立现代企业制度、完善公司治理机制，从而促进各类所有制资本取长补短、共同发展的制度创新（马连福等，2015；刘汉民等，2018；盛毅，2020）。在国有企业混改过程中，虽然也伴随股权结构的变化，但却和国有企业私有化或者民营化改革存在本质不同：其一，虽然部分国有企业（特别是商业类国有企业）的国有股份比例降低，甚至不占据控股地位，但是国有经济在国民经济中的主导作用不仅不会改变，还会增强国有资本的影响力，这与简单的国有企业私有化不同；其二，混合所有制改革是双向的，不仅有非国有资本进入国有企业，还有国有资本进入非国有企业，这与以单向的国有企业民营化不同；其三，国有企业混改的关键是在"混资本"的基础上实现"改机制"，同时推进国资监管等体制机制的重要变革。纵览中国改革开放进程，国有企业混合所有制改革并非是一蹴而就的，以下将其分为形成与发展、深化与完善两个阶段来概述国有企业混合所有制改革的历程。

1. 形成与发展阶段（20 世纪 90 年代至 2012 年）

混合所有制改革并非当前时期才提出的改革路径（綦好东等，2017）。党的十一届三中全会以来，中国以经济建设为中心开始了一系列改革，国有企业改革是改革措施中的重要组成部分，经过数十年的国有企业改革，包括"放权让利""两权分离""制度创新""国资发展"等多个阶段（郭檬楠，2020），国有企业的所有权结构已经发生了很大的变化，不再是单纯的全民或者集体所有，而是形成了公有产权为主，多种产权共同发展的阶段。特别是在发展具有中国特色的社会主义市场经济进程中，混合所有制企业事实上已经大量存在了（黄速建，2014），基于此，如表 3-1 所示，本书梳理出国有企业混合所有制改革形成与发展阶段的历程事件。

表 3-1　国有企业混合所有制改革形成与发展阶段的历程事件

时间	事件	
	主要内容	会议
1997 年 9 月	除了国有和集体经济，混合所有制中的国有和集体成分也属于公有制经济	党的十五大
1999 年 11 月	开展国企股份制改革以发展混合所有制	党的十五届四中全会

时间	事件	
	主要内容	会议
2002 年 11 月	使股份制成为公有制的主要实现形式	党的十六大
2003 年 10 月	形成投资主体多元化以发展混合所有制	党的十六届三中全会
2007 年 10 月	深化公司制股份制改革以发展混合所有制	党的十七大
2012 年 11 月	继续深化改革以增强国企活力、控制力、影响力	党的十八大

资料来源：笔者整理。

2. 深化与完善阶段（2013 年至今）

2013 年党的十八届三中全会首次明确提出积极发展混合所有制经济，从而开辟了国有企业混合所有制改革的新局面（黄速建，2014；杨萱，2018；杜运潮，2020），进入了深化与完善阶段，此后改革明显加速，中央及各部门已颁布多项政策制度与配套文件指引，相关部门组织开展了多轮混合所有制改革试点工作，在决策指引、政策部署以及舆论宣传等多维度积极推进下，非国有资本参与改革的热情提高，非国有股东在国有企业中愈加普遍深入地参与决策和治理，混合所有制改革取得阶段性成果。基于此，如表 3-2 所示，本书梳理出国有企业混合所有制改革深化与完善阶段的历程事件。

表 3-2　国有企业混合所有制改革深化与完善阶段的历程事件

时间	事件	
	主要内容	会议、报告或文件
2013 年 11 月	各类资本相融合的混合所有制是基本经济制度的重要实现形式	党的十八届三中全会
2014 年 7 月	选取六家央企开展试点	国务院国资委"四项改革"试点
2015 年 5 月	推进混合所有制相关文件出台	国务院转批《关于 2015 年深化经济体制改革重点工作的意见》
2015 年 8 月	提出了深化国企改革总体要求，积极发展混合所有制经济	中共中央　国务院印发《关于深化国有企业改革的指导意见》
2015 年 9 月	深化国企混改，健全企业法人治理结构，实现国有资产保值增值	《国务院关于国有企业发展混合所有制经济的意见》
2016 年 2 月	开展涉及治理机制、薪酬制度、晋升制度、监管体制、信息披露等多方面改革试点	国务院国资委"十项改革"试点

续表

时间	事件	
	主要内容	会议、报告或文件
2016 年 8 月	国有控股混合所有制企业开展员工持股试点	国务院国资委、财政部以及证监会三部门联合发布《关于国有控股混合所有制企业开展员工持股试点的意见》
2016 年 10 月	引入非国有资本参与国企投资项目	国家发展和改革委员会、财政部、人力资源和社会保障部以及国务院国资委四部门联合发布《关于鼓励和规范国有企业投资项目引入非国有资本的实施意见》
2017 年 4 月	启动第二批 10 家企业混合所有制改革试点	国家发展改革委新闻发布会
2017 年 9 月	发展混合所有制经济，培育具有全球竞争力的世界一流企业	党的十九大
2017 年 11 月	启动第三批 31 家企业混合所有制改革试点	国家发展改革委新闻发布会
2018 年 9 月	就混合所有制改革试点中的相关政策问题提出意见	国家发展改革委、财政部、人力资源社会保障部、自然资源部、国务院国资委、税务总局、证监会、国防科工局联合印发《关于深化混合所有制改革试点若干政策的意见》
2019 年 4 月	启动第四批超过 100 家企业混合所有制改革试点	发展改革委新闻发布会
2019 年 11 月	为央企所属各级子企业实施混合所有制改革提供操作指引	国务院国资委印发《中央企业混合所有制改革操作指引》
2020 年 6 月	推进国企改革三年行动	中央全面深化改革委员会第十四次会议"国企改革三年行动方案（2020－2022年）"
2020 年 10 月	深化国资国企改革	党的十九届五中全会
2021 年 12 月	完成国企改革三年行动任务，稳步推进电网、铁路等自然垄断行业改革	中央经济工作会议报告
2022 年 6 月	2022 年度中央企业改革三年行动重点任务考核 A 级企业名单	国务院国资委发布
2023 年 2 月	切实推进改革有效做法制度化长效化，强化典型经验总结推广应用，抓紧研究谋划新一轮深化国企改革行动	国企改革三年行动经验成果交流会议
2023 年 7 月	新时代新征程国资国企的改革思路，坚持分类改革，完善中国特色国有企业现代公司治理	国务院国资委新闻发布会

资料来源：笔者整理。

基于上述分析，本节梳理了国有企业混合所有制改革形成与发展、深化与完善两阶段的主要历程事件，依托相关会议、报告或文件回顾了中国国有企业混合所有制改革，展示了不同时期的改革内容和要点，有助于建立研究非国有董事治理积极性与国有企业资产保值增值关系的实践基础。

二、新时代背景下国有企业混合所有制改革的显著特点

自党的十一届三中全会以来，经过数十年的国有企业改革，包括"放权让利""两权分离""制度创新""国资发展"等多个阶段（郭檬楠，2020），国有企业的所有权结构已经发生了很大变化，打破了桎梏国有经济活力的藩篱，不再是原先单纯的全民或者集体所有制下独自投资及经营的局面，而是形成了以公有产权为主，多种产权共同发展的所有权结构，产生了各型股份有限公司乃至中外合资企业等（盛毅，2020；毛新述，2020），这些组织形式在本质上正是混合所有制。在党的十八届三中全会明确提出发展混合所有制经济前，事实上的混改已经存在，但是受到理论和政策制约，企业运行不够良好，进一步推进的难度加大。其中，仅从股权层次进行混合所有制改革，而没有进一步放开控制权成为困扰国有企业改革的关键症结。具体表现为：对混合所有制的理解不深刻，将简单的股权多元化与混合所有制混淆，没有进一步从控制权维度认识混合所有制，出现了混而不改、一混了之的现象，打击了非国有资本参与国企混改的热情（高明华，2018；沈红波等，2019），同时，许多已经进行混合所有制改革的国有企业，与之相适应的治理机制尚未建立或完善，限制了混合所有制应当具有的优势和作用。

相较于上阶段改革，新时代背景下的混合所有制改革具有以下显著特点：

其一，混改目标为实现资产保值增值，放大国有资本功能。前一阶段的混合所有制改革，着力点是股权结构调整，推进股份制和企业上市，引导国有企业转变体制机制。新时代背景下的混合所有制改革则进入深水区，其目标为通过引入非国有资本，实现国有股和非国有股相融，实现资产保值增值，放大国有资本功能（楚序平，2014；毛新述，2020）。党的十八届三中全会明确指出，推进混合所有制作为国有企业改革的核心工作，是提高国有经济活力和控制力的有效途径，要在推进改革进程中增强国有经济控制力，提高国资经营效率，最终实现资产保值增值，放大国有资本功能。

其二，混改重点为完善治理机制，在"混资本"基础上实现"改机制"。新时代背景下的国有企业混合所有制改革的重点并不在"混资本"，而在于"混资本"之后企业治理结构的改善和经营治理水平的提升（王曙光等，2019；盛毅，2020），平衡国有股东与非国有股东，规范非国有股东的权责利，保障非国有股东参与混改国有企业治理等。此外，众多国有企业在本轮混改之前已经在股权结构上实现了"混资本"，但是并未建立相适应的治理机制（高明华等，2014；沈红波等，2019），这样的现实情况同样督促国有企业进一步在"混资本"基础上实现"改机制"。

其三，混改保障为健全政策和制度体系，实现顶层设计与落地执行相结合。一方面，在顶层设计层面，当前混合所有制改革由中央全面深化改革委员会牵头，确立了"1+N"改革方案，涉及全面深化国有企业改革工作各方面内容。另一方面，在执行和操作层面，国家发展和改革委员会及相关部门，针对全面深化国有企业改革、扎实推进国企混改等任务目标作出了诸多具体规定和配套工作，从而细化混合所有制改革制度安排，包括法律法规制度、财税支持政策、国资监管体制、操作流程规范、资产定价机制、建立工作协调机制等诸多方面。

基于上述分析，尽管国有企业经过持续改革取得了巨大成就和长足发展，但仍存在一些痼疾，而新时代背景下的混合所有制改革已进入深水区，呈现出区别于上阶段改革的显著特点：以实现资产保值增值，放大国有资本功能为混改目标，重点是完善治理机制，在"混资本"基础上实现"改机制"，并通过健全政策和制度体系，实现顶层设计与落地执行相结合来保障混改顺利实现。对混合所有制改革的分析由股权深入到控制权层次来看，在引入"到位"的非国有资本后，国有企业治理机制发生根本的转变（郑志刚等，2019；毛新述，2020），非国有股东除了可以利用基于持股比例的投票表决权在股东大会层面形成影响力，还能够通过委派董事在董事会层面发挥作用，因此，向混合所有制企业委派董事并参与决策监督成为非国有股东参与混改国有企业治理的重要形式。本书以非国有董事及其"用手投票"行为作为切入点，深入探讨混合所有制改革是否有助于促进国有企业资产保值增值的混改目标，对于科学认识国企混改的有效性具有重要意义。

三、影响国有企业资产保值增值的制度因素

国有企业是推动中国经济高质量发展的支柱力量，而确保资产保值增值不仅是国有企业义不容辞的任务，更是评价其工作优劣的要点所在（祁怀锦等，2018；戚聿东和张任之，2019）。"放权让利""两权分离""制度创新""国资发展"等时期均将资产保值增值作为改革目标，并且在国务院国有资产监督管理委员会成立后，进一步成为央企负责人的关键考核指标，并且近年提出的国有企业三年行动方案明确要求，将国有企业和国有资本做强做优做大，多措并举促进保值增值。

然而，基于公司治理理论并从国有企业制度背景看，由于国有产权性质的先天特征以及政治关联的诸多影响，中国国有企业存在所有者缺位现象和较强的内部人控制，而国有股"一股独大"也引发了各类委托代理问题，同时，国有企业还具有相当数量的非经济目标和非市场化机制，需要承担较多的社会责任和政策性负担，不仅导致国有企业资源配置低效，而且不利于促进国有企业资产保值增值，甚至造成国有资产流失。具体来讲：

一方面，所有者缺位和国有股"一股独大"不利于资产保值增值。所有者缺位特点为表现的权属不清现象在中国国有企业中存在了相当时间（施松青和叶笃银，1999；张晓文和李红娟，2016；刘汉民等，2018），导致内部治理产生代理主体的模糊和失效（Schwartz-Ziv & Weisbach，2013；Jensen & Murphy，1990；徐传谌和孟繁颖，2007），全体国民（这里主要是指全民所有制范围内的公民）并不能行使国有资产所有者的职能，缺乏作为国有资产所有者的激励和约束（张家贞等，2008），此外，国有股"一股独大"带来内部人控制，造成内部控制虚置、疏忽风险管理（黄速建，2014；王桂莲，2005），控股股东会利用控制权地位侵占国有资产（王冀宁和刘玉灿，2006），并且国有企业内部人还存在腐败性流失（周志华，2016），从而使国有企业资产保值增值水平低下。

另一方面，非市场化机制和预算软约束也不利于资产保值增值。中国国有企业缺乏竞争性，既表现在国有企业由于受到政府的恩惠而享有某种垄断地位，也表现在国有企业由于仍然替政府承担着一部分社会性职能而缺乏平等竞争的能力（张凤林，1999），国有企业具有多重目标，存在相当数量的非市场机制及与社会性负担（戚聿东和张任之，2019；楚序平，2014），缺乏有效的外部治理机制（徐传谌

和孟繁颖，2007），这进一步阻碍了其独立市场主体的形成，大大干预了国有企业实现资产保值增值的目标函数，同时国有企业存在预算软约束和"自生能力"的问题（Dong et al.，2014）。此外，在国有企业改制与国有企业改革过程中存在的产权交易不规范、资产评估和审计结果失准、内部人腐败、政府监管不力等市场机制不健全下的行为或运作，进一步造成了国有资产流失（王冀宁和刘玉灿，2006；张家贞等，2008；王国兵，2007；周志华，2016；张惠琴和杨瑚，2017）。

基于上述分析，能否解决国有企业所有者缺位和国有股"一股独大"带来的代理问题，能否减轻国有企业的非市场化机制和预算软约束，能否缓解甚至克服国有产权性质的先天特征以及政治关联的诸多影响，是国有企业能否摆脱国有资产流失，最终促进国有企业资产保值增值的重要途径。这为本书从国有企业混合所有制改革背景出发，探讨混改国企的内部治理机制促进国有企业资产保值增值锚定了逻辑起点。

本节的逻辑关系如图 3-1 所示：

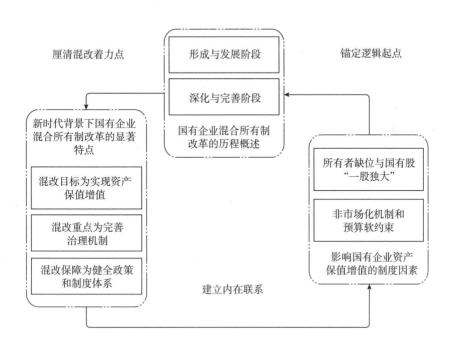

图 3-1 国有企业混合所有制改革与资产保值增值的制度背景

资料来源：笔者采用 Visio 软件绘制。

第二节　国有企业混合所有制改革
研究常用的基础理论

一、产权理论

产权理论建立在科斯定理之上，科斯定理认为，在产权明晰及交易成本为零的条件下，不管起初将产权赋予哪方，最后均能达到有效率的市场均衡。但在正交易费用的状态下，产权界定的异质性会影响资源配置效率，因而产权的清晰界定至关重要。在此基础上。Furubotn 和 Pejovich（1972）认为，资源稀缺产生竞争性需求，产权是基于稀缺资源而产生的一系列社会经济关系，产权除规范财产归属外，也固定了人与人之间的行为以及权利，因此界定清晰的产权可以带来一定的激励与约束作用。进一步地，Alchian 和 Demsetz（1973）基于社会强制性阐述了所有者所拥有的对标的物进行处置或取得收益的权力。因此，通过明确交易主体各自的行为和利益边界，能够降低交易费用，有助于提高资源配置效率。对于现代企业，从新制度经济学的角度看，企业的本质是契约结构，契约订立会对企业的控制权安排产生影响，因此，界定企业的产权结构将十分重要，这会对企业控制权配置、激励约束机制以及交易费用等诸多方面产生影响。Hart（1990）认为，企业的产权问题就是对企业所有权的安排，即针对企业剩余控制权与剩余索取权的合理分配，同时也就是公司治理。所以，通过企业产权的清晰界定，有助于协调各利益相关者之间的权责利，实现高效的激励约束，从而提高企业资源配置效率，促进企业发展。

已有研究认为，混合所有制下随着非国有股东进入国有企业，能够同时发挥国有资本与非国有资本的优点，从而产生"1+1>2"的效果（李维安，2014）。但是，根据系统理论和协同理论，国有企业在引入非国有资本后所形成的多元股权结构并不会天然产生国有资本与非国有资本的协同效应，这还需要相适应的公司治理机制为非国有股东发挥作用提供必要条件。国有企业混合所有制改革，不仅包括非国有股东持股比例的合理安排，而且包括非国有股东控制权比例的合理安排及其权力的有效行使。尽管混合所有制股权结构的合理安排是混合所有制企业治理的基础，但由于董事会是公司治理的核心（Baldenius et al.，2014），因此，控制权比例的合理安排与控制权的行使相当程度上决定了改革能否成功，其中，控制权行使是非国有股东参与混改国有企业治理的主要抓手和主要表现。非国有股东控制权行使的主要途径是其委派非国有董事进入混改国企董事会并进行理性投票表决，并且投票特别是投非赞成票表决最能体现非国有董事参与混改国有企业治理的积极性。因此，基于本书研究主题，分析非国有董事治理积极性与国有企业资产保值增值的关系，需要以产权理论为指导。

二、委托代理理论

20世纪60年代末70年代初，针对两权分离下委托人和代理人由于目标函数不一致而产生的利益冲突或信息不对称，一些学者开始对存在于公司内部的激励问题及信息不对称现象进行细致研究，由此发展形成了委托代理理论，即基于利益冲突或信息不对称，委托人如何制定合适的规则来监督或者激励代理人（即公司经营者）的行为，从而降低代理成本，提高公司绩效，实现公司或者股东利益最大化。Jensen和Meckling（1976）的研究认为，公司是由一组要素通过契约方式组合而形成并存在的，股东将控制权委托给董事会，董事会则继续将经营权委托给管理层，由此构成了多重委托代理关系。委托代理关系形成后，公司的所有权和经营权出现了分离，由于委托人和代理人的目标函数不一致或信息不对称，便产生了道德风险和逆向选择。在完美情境中，此时双方会依据之前订立的契约来明确职责范围、约束行为规范，从而提高公司绩效，实现公司或者股东利益最大化。但是在实际情境下，虽然之前订立的契约能够对代理人形成约束，但是双方各自所追求的目标函数很可能不一致，甚至出现很大差异，即股东和董事会（委托人）期望实现公司或者股东利益最大化，而经理人（代理人）则期望实现高额薪酬、构建商业帝国、在职消费等私人收益最大化，这种目标函数不一致的状态是委托代理问题产生的重要原因。另外，由于双方信息不对称的存在，委托人监督代理人的难度会加大，为了实现私人利益最大化，经理人（代理人）会放弃有益于公司长期发展，短期却不会为自己带来利益的项目。因此，解决委托代理问题的核心就是要通过订立契约来约束或规范经理人（代理人）的具体行为。

聚焦于混合所有制企业，随着非国有股东的进入，不同所有权性质的委托人与代理人各自权责利的交织，将会进一步引发委托代理问题。因此，基于本书的研究主题，分析非国有董事治理积极性与国有企业资产保值增值的关系，需要以委托代理理论为指导。

三、信息不对称理论

20 世纪 70 年代，Akerlof（1970）率先提出了"信息市场"概念，随后，Michael Spence 和 Joseph Eugene Stiglitz 针对劳动力市场和保险市场上的信息不对称现象进行了细致研究，由此发展形成了信息不对称理论。Akerlof（1970）以及 Michael Spence 和 Joseph Eugene Stiglitz 的相关研究认为，在市场经济活动中，交易中的买卖双方由于对相关信息的获取和了解存在较大差异，信息优势的一方在经济活动中常常处于相对强势的地位，而信息劣势的一方则常常处于相对弱势的地位，由此，信息劣势的一方往往会努力通过各种途径取得信息，从而提高己方在经济活动的利益。进一步地，这些学者认为，在信息不对称的情境下，信息优势的一方往往会利用自身信息地位表现出道德风险，而信息劣势的一方则表现出逆向选择，从而使市场机制发生扭曲，产生市场失灵。所以，在市场经济活动中降低信息不对称程度，有助于实现帕累托最优。同时，现代公司治理的委托代理关系就存在信息不对称，由于股东（委托人）和经理人（代理人）获取信息的时间或渠道存在差异，取得信息后的用途也不同，这必然会产生信息不对称问题。其中，逆向选择体现为股东（委托人）不了解经理人（代理人），即事前信息不对称，导致聘任能力不足的经营者；道德风险体现为经理人（代理人）利用自己对公司经营管理的信息优势，即事后信息不对称，作出不易被股东（委托人）监督和发现的自利行为。因此，缓解信息不对称问题的关键就在于对信息生成的监督和信息传递的透明。

中国国有企业内部普遍存在较为严重的信息不对称问题。国有企业缺乏竞争性，既表现在国有企业由于受到政府的恩惠而享有某种垄断地位，也表现在国有企业由于仍然替政府承担着一部分社会性职能而缺乏平等竞争的能力（张凤林，1999），这种竞争性缺失使国有企业对于信息披露天然失去兴趣。与此同时，国有企业具有多重目标，存在相当数量的非市场机制及与社会性负担（戚聿东和张任之，2019；楚序平，2014），这不仅阻碍了其独立市场主体的形成，还不利于信息传递。此外，国有企业具有预算软约束和"自生能力"的问题（罗喜英和刘伟，2019；Dong et al.，2014；邵学峰和孟繁颖，2007），进一步导致国有企业信息失真。聚焦于混合所有制企业，随着非国有股东的进入，股东与国有企业内部人，国有股东与非国有股东间的信息不对称问题将被再次放大。因此，基于本书研究主题，分析非国有董事治理积极性与国有企业资产保值增值的关系，需要以信息不对称理论为指导。

第三节　治理权力特征的刻画与外部治理机制的主体选择

一、非国有董事治理权力特征的刻画

针对议案讨论并合理使用投票权是董事实现治理功能的主要方式（Fama & Jensen，1983；Schwartz-Ziv & Weisbach，2013），因此，非国有董事治理权力行使集中表现为董事的"用手投票"行为，非国有董事治理积极性治理效应的发挥源于其拥有的治理权力。前述在探讨非国有董事治理积极性与国有企业资产保值增值的内在联系过程中，直接结果导向性地剖析以"用手投票"行为代理的非国有董事治理积极性可能存在的经济后果，而并未深究非国有董事治理权力特征的存在及其影响。欲科学系统地刻画治理权力特征，就需要回答以下提问：治理权力从何而来？治理权力如何规划？治理权力是何表现？

其一，治理权力基础：治理权力从何而来。公司治理理论认为，董事会是公司治理的核心，在股东大会的委托关系下，拥有决策权（Fama & Jensen，1983）。根据《中华人民共和国公司法》的解释，股东大会具有选举、更换及撤销董事的权力。因此，董事会是根植于委托代理关系而存在的代理组织。可见，基于委托代理理论，董事接受股东的委托，负责执行股东决议，对股东负责（Jensen & Meckling，1976；Baldenius et al.，2014）。作为股东的代理人，董事"用手投票"的权力来自其背后的真实股东，股东占据的股权和控制权比例会影响董事（Schwartz-Ziv & Weisbach，2013），即董事的治理行为依赖于其代表股东所处的股权结构和控制权结构（刘汉民等，2018；Attig et al.，2013），因此，非

国有董事的治理权力基础是其所代表的非国有股东的股权结构和控制权结构。基于此，本书从股权结构、控制权结构两方面出发，分别选取股权混合度和控制权制衡度来衡量治理权力基础。

其二，治理权力配置：治理权力如何规划。控制权是指对企业重大决策的控制（Fama & Jensen，1983），而具体控制权配置是讨价还价的结果（张维迎，1996），这在现代企业中直接反映为董事会构成，即谁拥有董事会席位，谁就对企业拥有控制权，进一步地，非国有董事席位若分散到多个非国有股东，将增加董事会协调沟通的成本，削弱非国有股东的实际影响力，即委派董事是否集中于少数非国有股东将影响非国有董事治理权力。与此同时，股权和控制权是两种独立的工具（Aghion & Bolton，1992；Aghion et al.，2013），股东拥有的股权同时具有激励和惩罚作用，从而为其参与公司经营和管理提供内在动力（刘小玄和李寿喜，2007），即非国有股东股权代表着其责任，而非国有股东控制权代表其权力（刘汉民等，2018；郑志刚等，2019），进一步地，股权是控制权的前提，获取股权也就相应地取得了控制权，但由于控制权相对独立，导致二者并非完全对等，两者是否对等将影响非国有股东及其委派董事是否有足够意愿和能力参与混改国有企业治理。因此，非国有董事的治理权力配置可以从控制权的集中程度以及控制权与股权的对等程度来具体分析。基于此，本书从权力是否集中、权责是否对等两方面出发，分别选取配置集中度和配置对等度来衡量治理权力配置。

其三，治理权力协同：治理权力是何表现。在混合所有制企业，多个非国有股东都能凭借其持股比例委派董事进入董事会，虽然在性质上这些董事均代表着非国有资本的权益，但是其仍属于不同的企业组织，从而产生不同的目标偏好，因此，就非国有董事内部而言，代表不同非国有股东的非国有董事如果能够在涉及非国有资本或企业整体权益的事项上协同一致、共同发声，则能够大大提高对国有企业内部人的制衡水平，缓解代理问题和信息不对称（Du et al.，2012；Tang et al.，2013）。与此同时，在混合所有制企业，独立董事相较于非国有董事来说不具有真实股东背景，其虽然不代表特定的股东利益，但却旨在保护全体股东，特别是中小股东的权益（叶康涛等，2011；Wang et al.，2016；Jiang et al.，2016），而在"一股独大"的国有企业中，从股权结构来看非国有股东往往就是中小股东，因此，独立董事的愿景和目标与非国有董事具有相当程度的相似性，那么，在面对国有企业内部人推进的可能损害非国有股东或者企业整体权益的议案时，如果独立董事的投票行为能够与非国有董事的投票行为保持协同一致，同样可以加强对国有企业内部人的制衡，减轻代理成本、提升决策有效性（Moss，1982；Ma & Khanna，2013）。因此，非国有董事治理权力协同既包括非国有董事内部投票行为的协同一致，也包括非国有董事与独立董事投票行为的协同一致。基于此，本书从非国有董事群体内部协同、非国有董事群体外部协同（即其与独立董事群体的关系）两方面出发，分别选取内部协同性和外部协同性来衡量治理权力协同。

基于上述分析，可以看出非国有董事的治理权力基础是其所代表的非国有股东的股权结构和控制权结构，非国有董事的治理权力配置包括权力是否集中和权责是否对等，非国有董事的治理权力协同则体现为非国有董事群体内部协同以及非国有董事群体外部协同（即其与独立董事群体的关系）两方面，由此回答了非国有董事治理权力从何而来、如何规划以及是何表现三个问题，从而科学系统地刻画了治理权力特征。由此，本节以治理权力特征为切入点，充分展现了非国有董事通过"用手投票"参与混改国有企业治理的内在逻辑，有助于在国有企业混合所有制改革背景下，形成股权结构、控制权结构以及委派人员治理行为（董事"用手投票"行为）为一体的理论分析框架，丰富了非国有股东参与国企混改以及董事投票行为的经济后果研究。

治理权力特征刻画的逻辑关系图如图 3-2 所示：

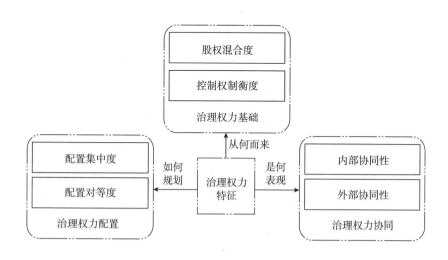

图 3-2　治理权力特征的刻画

资料来源：笔者采用 Visio 软件绘制。

二、外部治理机制的主体选择

关于公司治理机制的划分，Gillan（2006）以企业为中心将公司治理机制分为内部治理机制与外部治理机制并进行了系统梳理，进一步地，对于外部治理机制的划分，Dyck 等（2008）提出了六种重要的外部治理机制，包括市场竞争、媒体报道、税务实施、工会、社会规范和文化；Fan 等（2011）则提出了一个分层分类理解新兴市场公司行为的方法。在此基础上，郑志刚（2016）针对中国公司治理的独特性，依据各外部治理机制发挥作用的领域与内容，探讨了多种外部治理机制对公司内部治理机制的互动影响，姚云和于换军（2019）则把外部治理机制安排分为国家层面和市场层面进行综述分析，因此，借鉴过往文献的思路，本书依据所属主体，从政府和市场两方面划分外部治理机制。

其一，政府治理机制。政府治理机制能够通过对包括非国有股东在内的中小股东的保护、提升国企混改实施效果、激发非国有资本参与混改热情、确立企业市场化主体地位等诸多途径来影响混改国企内部治理安排（郭檬楠和吴秋生，2019；卜君和孙光国，2021）。对于混改国企而言，在诸多政府治理机制中，国家审计与国资监管是频次最多、内容最广、影响最大的两大治理机制（秦荣生，2011；粟立钟等，2015；褚剑和方军雄，2018；胡锋和石涛，2019）。国家审计由审计机关执行，是党和国家监督体系的重要组成部分，依法不受其他政府机关、社会团体和个人的干涉，具有很强的独立性、专业性、权威性和客观性（刘家义，2015），受人民委托发挥着"经济体检"功能，当前推进的审计全覆盖将提高国家审计的监督效果，从而影响混改国企内部治理安排。国资监管由国务院国资委执行，国家基于产权关系对国有资产进行监管（Jonathan & Koppell，2007），在相当长时期，国务院国资委依法履行出资人职能，坚持管人管事管资产相结合的国资监管，对国有企业的经营管理活动进行全面监督管理，而在新时代背景下，国资监管向以管资本为主进行转变，这将对混改国企内部治理安排产生积极影响。

其二，市场治理机制。党的十八届三中全会提出，经济体制改革要使市场在资源配置中起决定性作用，因此，市场治理机制作为"看不见的手"必将在持续推进混合所有制改革进程中发挥重要作用。基于现代公司理论和市场经济理论，以企业为中心可以依据要素或者参与者将市场划分为鉴证市场、舆论市场、资本市场、产品市场、经理人劳动力市场以及控制权市场等多个细分市场（Fama & Jensen，1983；Grossman & Hart，1980；Dyck et al.，2008；Giroud & Mueller，2010；Jenter & Lewellen，2017；姚云和于换军，2019）。但是，由于中国国有企业经理人劳动力市场失灵，经理人劳动力市场竞争的治理作用发挥仍存在较大疑虑（卢馨等，2017；姚云和于换军，2019），从而引入经理人劳动力市场无法取得稳健的研究结果，同时本书以非国有股东委派董事为主题，涉及企业控制权结构，从而引入控制权市场会产生内生性问题，因此，本书没有涉及经理人劳动力市场与控制权市场相关的市场治理机制。由此，本书依据所属细分市场选取社会审计监督、产品市场竞争、媒体关注、分析师关注作为市场治理机制变量，分别代表鉴证市场、产品市场、舆论市场以及资本市场。

基于上述分析，本节首先依据所属主体从政府和市场两方面划分外部治理机制。然后，一方面依据所属主体，选取国家审计和国资监管等政府治理机制，另一方面依据所属细分市场，选取社会审计、产品市场竞争、媒体关注和分析师关注等市场治理机制。由此，本节将混改国企内部治理机制——非国有董事治理积极性与外部治理机制纳入同一框架进行分析研究，拓宽了非国有股东参与国企混改的分析框架，丰富了外部治理机制与公司内部治理机制的互动影响关系研究。

外部治理机制主体选择的逻辑关系如图 3-3 所示：

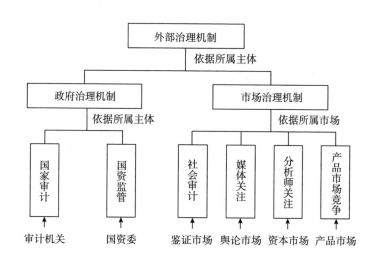

图 3-3　外部治理机制的主体选择

资料来源：笔者采用 Visio 软件绘制。

第四节　研究框架的构建

首先，国有企业是国有资产的重要载体，实现资产保值增值是国有企业的首要职责，然而国有产权性质的先天特征以及政治关联的诸多影响会造成国有资产流失，不利于实现国有企业资产保值增值。相较于上一阶段，新时代背景下国有企业混合所有制改革具有以实现资产保值增值为目标、以完善治理机制为重点的显著特征，进一步地，向混合所有制企业委派董事并参与决策监督成为非国有股东参与混改国有企业治理的重要形式，并且非国有董事"用手投票"行为体现了显著的治理作用。因此，非国有董事治理积极性与国有企业资产保值增值两者之间存在着内在联系，所以有必要基于相关基础理论对两者的关系及其影响路径和形成机理展开研究。其次，通过回答非国有董事治理权力从何而来、如何规划以及是何表现等问题，从治理权力基础、治理权力配置以及治理权力协同三方面刻画了治理权力特征。由此，基于相关基础理论研究治理权力特征对基本关系的影响，有助于形成股权结构、控制权结构以及委派人员治理行为（即董事"用手投票"行为）为一体的理论分析框架。最后，依据所属主体从政府和市场两方面划分外部治理机制，并确定了具体的外部治理机制。由此，基于相关基础理论研究外部治理机制对基本关系的影响，有助于形成外部治理机制与混改国企内部治理机制——非国有董事治理积极性为一体的理论分析框架，提高研究结论的实践价值。为了更好地对上述问题展开实证研究，如图3-4所示，本书构建如下研究框架：

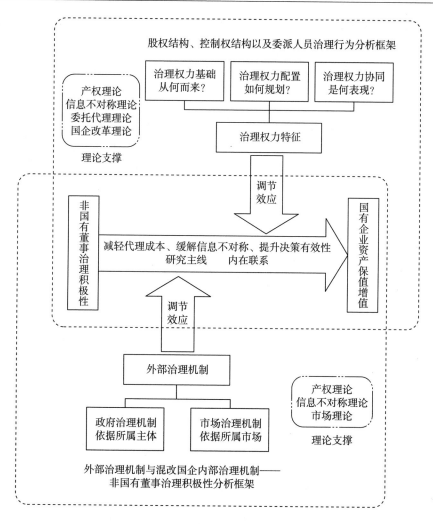

图 3-4　研究框架

资料来源：笔者采用 Visio 软件绘制。

第五节　小结

本章首先对国有企业混合所有制改革与资产保值增值的制度背景进行梳理和

剖析，建立了研究非国有董事治理积极性与国有企业资产保值增值关系的实践基础；其次，阐述了国有企业混合所有制改革研究常用的基础理论，为后文的理论分析与假设提出准备了理论基础；再次，通过回答治理权力从何而来、治理权力如何规划、治理权力是何表现三个问题，探讨了治理权力特征的刻画，同时依据各治理机制所属主体，分析了外部治理机制的主体选择；最后，针对非国有董事治理积极性与国有企业资产保值增值的研究主题，构建了研究框架。

第四章 非国有董事治理积极性对国有企业资产保值增值的影响

国有企业是推动中国经济高质量发展的支柱力量，实现资产保值增值是国有企业的首要职责。新时代全面深化国有企业改革的主要内容是混合所有制改革，首要目标是实现国有企业资产保值增值。因此，探究国有企业如何进行混合所有制改革才能更有效地实现国有企业资产保值增值目标具有重大价值。向混合所有制企业委派董事并参与决策监督已经成为非国有股东参与混改国有企业治理的重要形式，并且参与董事会议案讨论、行使投票权是董事实现决策监督职能的主要方式。本章分析论证以"用手投票"行为代理的非国有董事治理积极性对国有企业资产保值增值的影响，提供两者关系的可靠结论，并进一步揭示非国有董事治理积极性促进国有企业资产保值增值的影响路径和形成机理，以期为后文的调节机制分析奠定基础。

第一节 理论分析与假设提出

董事会是公司治理的核心（Baldenius et al.，2014），董事的主要职责是监督与评价管理层，维护全体股东的利益。聚焦到中国国有企业中，党组织的领导与董事会的决策构成了国有企业生存发展的双制度保证（马连福等，2013）。党组织的主要职能在于把握政治思想方向、贯彻党的领导，并且国有企业党组织更多的是通过双向进入、交叉任职的方式参与公司治理，而非直接由党组织进行决策。因此，董事会依然是国有企业决策的重要机构（綦好东等，2017）。进一步地，在董事会中，董事能够通过了解信息和参与管理而享有实质的决策控制权（Fama & Jensen，1983；Schwartz-Ziv & Weisbach，2013），并且参与董事会议案讨论、行使投票权是董事实现决策监督职能的主要方式，董事投非赞成票的行为被投资者认为是一个很强烈的监督信号，能够向公众、资本市场和股东传递出宝贵的信息。

国有企业的首要职责是实现资产保值增值，但是，国有企业在相当长时期内都存在国有股"一股独大"的情况，以及所有者缺位的特点（黄速建，2014；刘汉民，2018），这导致代理主体的失效及内部人控制。在这样的基本背景下，强势的国有企业内部人有动机和能力进行诸多机会主义行为，导致了国有资产流失（郑志刚等，2012）。而积极发展混合所有制是新时代背景下国企改革的主要内容（戚聿东和张任之，2019），国有企业混合所有制改革通过引入"到位"的非国有资本形成对国有企业内部人的监督制衡，由此导致国有企业治理机制发生根本的转变（郑志刚等，2019）。国有企业混合所有制改革不仅包括非国有股东持股比例的合理安排，而且包括非国有股东控制权比例的合理安排及其权力的有效行使。尽管混合所有制股权结构的合理安排是混合所有制企业治理的基础，但由于董事会是公司治理的核心，因此，控制权比例的合理安排与控制权的行使相当程度上决定了改革能否成功，其中，控制权行使是非国有股东参与混改国有企业治理的主要抓手和主要表现（綦好东等，2017；刘汉民，2018）。所以，在混合所有制企业，非国有股东除了可以利用基于持股比例的投票表决权在股东大会层面形成影响力外，还能够通过委派董事在董事会层面发挥作用，并且向混合所有制企业委派董事并参与决策监督成为非国有股东参与治理的重要形式。非国有董事通过"用手投票"积极参与混改国有企业治理，能够使国有企业董事会职权充分落实，并凸显了董事会在国有企业决策过程中所起到的自动纠错功能，从而有效缓解国有企业由于国有产权性质的先天特征以及政治关联而产生的诸多影响，最终推动资产保值增值目标实现。具体来讲：

第一，非国有董事通过"用手投票"积极参与混改国有企业治理有利于减轻代理成本。设置董事的实质是为缓解代理问题（Fama & Jensen，1983）。中国国有企业由于所有者缺位的特点产生了内部人控制现象，而非国有董事的"用手投票"能够增加国有企业内部人谋取私利的难度，实现监督制衡的作用。基于

"逐利天性"和利益最大化原则，非国有董事对国有企业高管的努力程度和在职消费等行为具有强烈的监督动机（李建标等，2016），如果董事会议案中包含了可能损害股东和企业利益的事项，非国有董事不仅具有较强的意愿履行治理职能，也能够通过投非赞成票来影响甚至否决该项议案，这有助于改善议案相关内容（叶康涛等，2011），因此，董事会针对议案的投票决策程序使得非国有董事参与混改国有企业治理具备可实现性，这达成了国有企业的"所有者回归"（辛蔚和和军，2019），有助于抑制国有企业内部人基于政治锦标赛和构建商业帝国等动机进行的非效率投资和在职消费等不利于实现资产保值增值目标的短视行为，从而降低国有企业的代理成本，最终促进国有企业资产保值增值。

第二，非国有董事通过"用手投票"积极参与混改国有企业治理有利于缓解信息不对称。中国国有企业长期存在产权不清、所有者缺位等现象，随之带来的多重委托代理主体的模糊性加剧了股东与国有企业内部人，国有股东与非国有股东的信息不对称（Laffont & Tirole，1993）。而非国有董事在通过"用手投票"的方式参与董事会决策的过程中，能够防止损害股东和企业利益的议案通过，同时向资本市场和股东发出相关信号（郑志刚等，2019），为股东特别是中小投资者进行资本运作和投资活动提供了富有信息含量的消息和咨询，这实现了国有企业的信息监督和信息媒介作用，不仅有利于对国有企业所生成信息的监督，也有利于对国有企业所传递信息的透明，从而有助于缓解各主体间的信息不对称程度，提高了资本市场的运行效率和非国有股东特别是中小股东的投资者保护程度（杨志强和李增泉，2018）。此外，非国有董事通过"用手投票"参与董事会决策，能够对国有企业内部人形成一定程度的制衡和约束，有助于抑制高管的盈余管理活动和其他关联交易行为（马连福等，2015），进一步增强了信息透明度，最终促进国有企业资产保值增值。

第三，非国有董事通过"用手投票"积极参与混改国有企业治理有利于提升决策有效性。国有企业具有较多的非经济目标和非市场化机制，并且存在一定的预算软约束现象，这会影响国有企业董事会决策结果的有效性（黄速建，2014），同时，国有股"一股独大"和国有企业实际控制人超额委派现象，还会影响国有企业董事会决策过程的有效性（郑志刚等，2019）。而一个企业，特别是混合所有制企业要形成科学合理的董事会议案需要各方董事的充分讨论，因此，代表各方利益、持有不同观点的董事间的讨论决策会更加有效（Gomes &

Novaes，2005）。理性的非国有董事通过"用手投票"参与董事会决策，不仅能够为议案的形成发出差异化、市场化、专业化的声音，充分发挥董事会的群体优势，发现与提供国有企业内部人在管理决策中不易发现的细节问题，积极应对国有企业复杂的内外部环境（Jiang et al.，2016），从而抑制国有企业非效率投资等损害资产保值增值的现象，提升了国有企业的决策有效性，而且有助于其独立市场主体地位的确立与形成，缓解预算软约束，最终促进国有企业资产保值增值。基于上述分析，本书提出研究假设 H4-1：

H4-1：非国有董事治理积极性的提高能够显著促进国有企业资产保值增值。

本节的逻辑关系如图 4-1 所示：

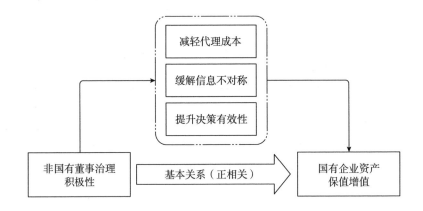

图 4-1 非国有董事治理积极性与国有企业资产保值增值的逻辑关系

资料来源：笔者采用 Visio 软件绘制。

第二节 研究设计

一、样本选择和数据来源

本书选取 2013~2020 年中国沪深 A 股商业类国有上市公司作为研究样本。

本书以 2013 年作为研究起点的主要依据为：2013 年召开党的十八届三中全会，明确提出积极发展混合所有制经济，随之关于推进国有企业混合所有制改革的各项具体政策相继出台，由此，非国有董事在国有企业中愈加普遍深入地参与决策和治理。本书以商业类国有上市公司作为研究样本的主要依据为：国务院国资委、财政部、国家发展改革委于 2015 年 12 月印发的《关于国有企业功能界定与分类的指导意见》立足国有资本的战略定位和发展目标，划分为商业和公益两类国有企业，其中，商业类国有企业以实现资产保值增值为主要目标，因此，本书将商业类国有企业作为研究对象不仅更契合其资产保值增值目标，同时还能够大幅度缓解国有企业存在的非经济目标与非市场化机制对本书研究结论的影响。

本书所述的非国有董事是指混改国企中非国有股东向国有企业委派的董事，其认定依据为：若样本企业的董事在该企业的非国有法人股东单位履职或者是该企业的自然人股东，那么认定该董事为非国有董事，即通过其来源（是否由非国有股东委派）进行认定；若样本公司董事会存在换届情况，那么只统计换届后的董事会成员。本书使用的非国有董事投票行为数据由巨潮资讯网结合样本企业官网收集整理，其他数据来源于 CSMAR 数据库。本书基于 CSMAR 数据库中的控制人文件提取出初始样本，并进行了如下样本筛选过程：首先剔除存在数据缺失及异常的样本；其次剔除不存在非国有董事的样本；最后剔除金融行业及 ST 类样本，得到 8 个年度共计 999 个样本观测值。另外，本书对全部连续变量实施了 1% 的缩尾处理。除特殊说明外，以下各章的样本选择与数据来源与本章一致。

二、变量定义

1. 国有企业资产保值增值变量

根据国务院国资委于 2018 年 12 月通过的《中央企业负责人经营业绩考核暂行办法》，参考郭檬楠和吴秋生（2019）、独正元和吴秋生（2020）等文献的研究成果，本书使用 EVA 与总资产之比来衡量国有企业资产保值增值（MAVA_EVA）。当该指标等于 0 时，表明样本国有企业资产实现了保值；当该指标大于 0 时，表明样本国有企业资产实现了增值，因此该指标越大，国有企业资产保值增值水平就越高。此外，参考祁怀锦等（2018）的研究成果，本书还依据原国有资产管理局、财政部和原劳动部于 1994 年颁布的《国有资产保值增值考核试行办法》，在稳健性检验部分，以剔除本期资本金变化影响的保值增值率（MAVA_ RATIO）为代理变量重新检验。

2. 非国有董事治理积极性变量

参考叶康涛等（2011）、祝继高等（2015）等文献的研究成果，以非国有董事的董事会投票行为衡量其治理积极性。根据《中华人民共和国公司法》以及证监会于 2018 年 9 月修订的《上市公司治理准则》等文件规定，在董事会中，董事的投票意见类型包括同意意见、保留意见、反对意见、无法表示意见、弃权意见和其他意见，本书将同意意见定义为赞成票，同意意见之外的其他意见定义为非赞成票。在此基础上，本书设定非国有董事治理积极性虚拟变量（NON-VOTE），即如果样本企业年度存在非国有董事投非赞成票，取值为 1，否则为 0，此外，本书在稳健性检验中缩小非赞成票的界定范围，即仅以反对意见作为非赞成票，重新定义非国有董事治理积极性并进行检验。与此同时，本书还设定非国有董事治理积极性的连续指标（NONVOTE_ R），即样本企业年度非国有董事投非赞成票议案数与总议案数之比。

3. 控制变量

参考祁怀锦等（2018）、郭檬楠和吴秋生（2019）、独正元和吴秋生（2020）等文献的研究成果，本书还选取了其他影响国有企业资产保值增值的因素作为控制变量，包括公司规模（SIZE）、偿债能力（LEV）、发展能力（GROWTH）、资产结构（FATA）、股权结构（SHR1）、高管薪酬（PAY）、高管持股（MAN-AGE）、独董比例（OUT）、年度固定效应（YEAR）以及行业固定效应（IND）。上述变量的详细定义如表 4-1 所示。

表 4-1　主要变量定义

变量类型	变量名称	变量符号	计算方法
被解释变量	国有企业资产保值增值	MAVA_EVA	EVA/总资产
		MAVA_ RATIO	（期末所有者权益－本期资本金变化）/期初所有者权益
解释变量	非国有董事治理积极性	NONVOTE	存在非国有董事投非赞成票为 1，否则为 0
		NONVOTE_ R	非国有董事投非赞成票议案数/总议案数

续表

变量类型	变量名称	变量符号	计算方法
控制变量	公司规模	SIZE	总资产取自然对数
	偿债能力	LEV	资产负债率
	发展能力	GROWTH	营业收入增长率
	资产结构	FATA	固定资产占总资产的比例
	股权结构	SHR1	第一大股东持股比例
	高管薪酬	PAY	董事、监事和高管年薪总额取自然对数
	高管持股	MANAGE	管理层持股比例
	独董比例	OUT	独立董事占董事会规模的比例
	年度固定效应	YEAR	年度虚拟变量
	行业固定效应	IND	行业虚拟变量

资料来源：笔者整理。

三、模型设计

为了实证检验非国有董事治理积极性对国有企业资产保值增值的影响，本书构建模型（4-1）对假设 H4-1 进行验证：

$$MAVA_{i,t} = \alpha_0 + \alpha_1 NONVOTE_{i,t} + \alpha Controls_{i,t} + YEAR + IND + \varepsilon_{i,t} \tag{4-1}$$

在模型（4-1）中，MAVA 为被解释变量国有企业资产保值增值，包括 MAVA_EVA 和 MAVA_RATIO；NONVOTE 为解释变量，包括非国有董事治理积极性虚拟变量（NONVOTE）和非国有董事治理积极性连续变量（NONVOTE_R）；Controls 为控制变量，包括公司规模（SIZE）、偿债能力（LEV）、发展能力（GROWTH）、资产结构（FATA）、股权结构（SHR1）、高管薪酬（PAY）、高管持股（MANAGE）、独董比例（OUT）；YEAR 为年度固定效应；IND 为行业固定效应。

第三节　实证结果与分析

一、描述性统计

如表4-2所示，首先，关于国有企业资产保值增值，MAVA_EVA 的均值为

0.0027，中位数为0.0038，两者均大于0，说明样本企业平均来看不仅实现了资产保值，还实现了一定程度的资产增值，并且两者差异较小，说明样本企业的国有企业资产保值增值水平呈现正态分布，最小值为-0.3720，最大值为0.1630，标准差为0.0673，说明样本企业的国有企业资产保值增值水平存在一定差异，而MAVA_RATIO的均值为1.1590，中位数为1.0650，最小值为0.4660，最大值为4.0530，标准差为0.4250，该指标的统计结果同样反映了上述现象。其次，关于非国有董事治理积极性，NONVOTE的均值为0.1060，中位数为0.0000，最小值为0.0000，最大值为1.0000，标准差为0.3080，即10.60%的样本企业存在非国有董事投非赞成票现象，说明在国有企业混合所有制改革背景下，样本企业的非国有董事已初步参与混改国企的经营管理和战略决策，但是，NONVOTE_R的均值为0.0126，中位数为0.0000，最小值为0.0000，最大值为0.4290，标准差为0.0568，即在样本企业中非国有董事投非赞成票议案数与总议案数之比的平均水平为1.26%，说明非国有董事在更多情况下仍扮演着"橡皮图章"的角色，需要进一步优化和落实混改国企的董事会职权，从而充分调动非国有董事的治理积极性。最后，关于控制变量，SIZE的均值为22.6900，中位数为22.6200，最小值为20.3100，最大值为26.4100，标准差为1.2800，LEV的均值为0.4600，中位数为0.4490，最小值为0.0722，最大值为0.8780，标准差为0.1970，GROWTH的均值为0.1630，中位数为0.0972，最小值为-0.6390，最大值为3.0730，标准差为0.4530，FATA的均值为0.2210，中位数为0.1700，最小值为0.0013，最大值为0.7630，标准差为0.1750，SHR1的均值为0.3100，中位数为0.3040，最小值为0.1040，最大值为0.5860，标准差为0.1210，PAY的均值为15.6300，中位数为15.5900，最小值为14.0200，最大值为17.5100，标准差为0.7200，MANAGE的均值为0.0202，中位数为0.0001，最小值为0.0000，最大值为0.2390，标准差为0.0428，OUT的均值为0.3590，中位数为0.3330，最小值为0.3330，最大值为0.5000，标准差为0.0398，上述控制变量的均值和中位数差异较小，说明基本呈现正态分布，并且控制变量的描述性统计结果与已有文献基本一致（祁怀锦等，2018；郭檬楠和吴秋生，2019；独正元和吴秋生，2020），反映了本书数据收集和整理过程的可靠性和准确性。

表 4-2　主要变量描述性统计结果

变量名称	样本量	均值	标准差	最小值	p25	p50	p75	最大值
MAVA_EVA	999	0.0027	0.0673	−0.3720	−0.0184	0.0038	0.0319	0.1630
MAVA_RATIO	999	1.1590	0.4250	0.4660	1.0190	1.0650	1.1490	4.0530
NONVOTE	999	0.1060	0.3080	0.0000	0.0000	0.0000	0.0000	1.0000
NONVOTE_R	999	0.0126	0.0568	0.0000	0.0000	0.0000	0.0000	0.4290
SIZE	999	22.6900	1.2800	20.3100	21.7500	22.6200	23.4900	26.4100
LEV	999	0.4600	0.1970	0.0722	0.3090	0.4490	0.6240	0.8780
GROWTH	999	0.1630	0.4530	−0.6390	−0.0174	0.0972	0.2470	3.0730
FATA	999	0.2210	0.1750	0.0013	0.0817	0.1700	0.3230	0.7630
SHR1	999	0.3100	0.1210	0.1040	0.2100	0.3040	0.3990	0.5860
PAY	999	15.6300	0.7200	14.0200	15.1600	15.5900	16.0800	17.5100
MANAGE	999	0.0202	0.0428	0.0000	0.0000	0.0001	0.0182	0.2390
OUT	999	0.3590	0.0398	0.3330	0.3330	0.3330	0.3750	0.5000

注：p25、p50 和 p75 分别表示 1/4、1/2 和 3/4 分位数。

资料来源：笔者采用 Stata 软件计算整理而得。

二、相关性分析

如表 4-3 所示，为相关性分析与 VIF 检验结果，有关非国有董事治理积极性与国有企业资产保值增值的相关性，NONVOTE 与 MAVA_EVA 的相关系数为 0.1727，在 1% 水平上显著相关；NONVOTE_R 与 MAVA_EVA 的相关系数为 0.1793，同样在 1% 水平上显著相关，以上结果均表明非国有董事治理积极性的提高能够促进国有企业资产保值增值，初步验证了假设 H4-1。同时，相关性分析与 VIF 检验结果显示，各变量 VIF 的最大值为 1.92，平均 VIF 值为 1.23，说明当前模型不存在严重的多重共线性问题。

表 4-3　相关性分析与 VIF 检验结果

Table A 相关性分析结果			
变量名称	MAVA_EVA	NONVOTE	NONVOTE_R
MAVA_EVA	1.0000		
NONVOTE	0.1727 ***	1.0000	
NONVOTE_R	0.1793 ***	0.9979 ***	1.0000

Table B 方差膨胀因子（VIF）检验结果

变量名称	VIF	1/VIF
NONVOTE	1.01	0.9911
NONVOTE_R	1.11	0.9040
SIZE	1.92	0.5214
LEV	1.27	0.7856
GROWTH	1.02	0.9803
FATA	1.11	0.9036
SHR1	1.08	0.9279
PAY	1.58	0.6333
MANAGE	1.11	0.9040
OUT	1.02	0.9776
均值	1.23	

注：＊＊＊、＊＊和＊分别表示在1%、5%和10%水平上显著。

资料来源：笔者采用 Stata 软件计算整理而得。

三、回归结果与分析

表4-4报告了基准回归检验结果，其中，列（1）和列（3）为仅控制年度和行业固定效应的回归结果，列（2）和列（4）为进一步增加全部控制变量的回归结果。如表4-4列（1）和列（3）所示，不添加控制变量时，非国有董事治理积极性（NONVOTE）与国有企业资产保值增值（MAVA_EVA）的回归系数（0.0342）在1%水平上显著为正，同时，非国有董事治理积极性（NONVOTE_R）与国有企业资产保值增值（MAVA_EVA）的回归系数（0.1560）也在1%水平上显著为正，支持了研究假设H4-1。如表4-4列（2）和列（4）所示，添加控制变量后，非国有董事治理积极性（NONVOTE）与国有企业资产保值增值（MAVA_EVA）的回归系数（0.0240）仍在1%水平上显著为正，同时，非国有董事治理积极性（NONVOTE_R）与国有企业资产保值增值（MAVA_EVA）的回归系数（0.1140）也仍在1%水平上显著为正，验证了研究假设H4-1，说明非国有董事通过董事会投票行为积极参与混改国有企业治理，能够使国有企业董

事会职权充分落实，并凸显了董事会在公司决策过程中所起到的自动纠错功能，从而有效缓解国有企业由于国有产权性质的先天特征以及政治关联而产生的诸多影响，最终推动资产保值增值目标实现。此外，表4-4所示控制变量的回归结果与已有文献基本一致（祁怀锦等，2018；郭檬楠和吴秋生，2019；独正元和吴秋生，2020），反映了本书实证分析结果的可靠性和准确性。

表4-4　基准回归检验结果

变量	（1）	（2）	（3）	（4）
	MAVA_ EVA			
NONVOTE	0.0342 ***	0.0240 ***		
	（5. 3272）	（4. 4186）		
NONVOTE_R			0.1560 ***	0.1140 ***
			（4. 4988）	（3. 9308）
SIZE		0.0093 ***		0.0092 ***
		（4. 0676）		（3. 9819）
LEV		−0. 1240 ***		−0. 1240 ***
		（−10. 2250）		（−10. 2377）
GROWTH		0.0258 ***		0.0261 ***
		（6. 8958）		（6. 9641）
FATA		−0. 0898 ***		−0. 0916 ***
		（−6. 4014）		（−6. 5295）
SHR1		0.0667 ***		0.0643 ***
		（4. 1974）		（4. 0307）
PAY		0.0226 ***		0.0232 ***
		（7. 1489）		（7. 3381）
MANAGE		0.2010 ***		0.1960 ***
		（4. 5279）		（4. 4154）
OUT		−0. 0743 *		−0. 0660
		（−1. 6792）		（−1. 4912）
Constant	−0. 0450 *	−0. 4520 ***	−0. 0347	−0. 4520 ***
	（−1. 9111）	（−9. 0829）	（−1. 4792）	（−9. 0657）
YEAR	YES	YES	YES	YES
IND	YES	YES	YES	YES
样本量	999	999	999	999

变量	(1)	(2)	(3)	(4)
	MAVA_EVA			
Within_R^2	0.2290	0.4595	0.2224	0.4571

注：***、**和*分别表示在1%、5%和10%水平上显著，括号内为T值。

资料来源：笔者采用 Stata 软件计算整理而得。

四、影响路径检验

前文实证分析结果表明非国有董事通过"用手投票"积极参与混改国有企业治理具有保值增值效应，并且在理论分析过程中，本书认为非国有董事治理积极性能够通过减轻代理成本、缓解信息不对称以及提升决策有效性来促进国有企业资产保值增值。本节将就以上三条影响路径进行检验以期进一步厘清非国有董事治理积极性与国有企业资产保值增值的关系。借鉴温忠麟等（2004）关于中介效应检验程序的思路，在模型（4-1）基础上，本书构建模型（4-2）~模型（4-4）进行验证：

$$MAVA_{i,t} = \alpha_0 + \alpha_1 NONVOTE_{i,t} + \alpha Controls_{i,t} + YEAR + IND + \varepsilon_{i,t} \quad (4-2)$$

$$MC_{i,t}/IA_{i,t}/INV_{i,t} = \alpha_0 + \alpha_1 NONVOTE_{i,t} + \alpha Controls_{i,t} + YEAR + IND + \varepsilon_{i,t} \quad (4-3)$$

$$MAVA_{i,t} = \alpha_0 + \alpha_1 NONVOTE_{i,t} + \alpha_2 MC_{i,t}/IA_{i,t}/INV_{i,t} + \alpha Controls_{i,t} + YEAR + IND + \varepsilon_{i,t}$$

$$(4-4)$$

其中，在模型（4-3）中，被解释变量为管理费用率（MC）、年度股票周转率（IA）和投资效率（INV），解释变量为非国有董事治理积极性（NONVOTE、NONVOTE_R）。在模型（4-4）中，被解释变量为国有企业资产保值增值（MAVA_EVA），解释变量为非国有董事治理积极性（NONVOTE、NONVOTE_R）、管理费用率（MC）、年度股票周转率（IA）和投资效率（INV）。此外，Controls为控制变量，包括公司规模（SIZE）、偿债能力（LEV）、发展能力（GROWTH）、资产结构（FATA）、股权结构（SHR1）、高管薪酬（PAY）、高管持股（MANAGE）、独董比例（OUT）。YEAR为年度固定效应，IND为行业固定效应。

第一，减轻代理成本——管理费用率的中介效应。参考应千伟等（2020）、周泽将和雷玲（2020）等的研究成果，本书以管理费用率来衡量代理成本（MC），MC 数值越大，表明样本企业的代理成本越高。表 4-4 的列（2）和列（4）与表 4-5 报告了影响路径之减轻代理成本的中介检验结果。如表 4-4 列（2）和列（4）所示，非国有董事治理积极性（NONVOTE）与国有企业资产保值增值（MAVA_EVA）的回归系数（0.0240）在 1% 水平上显著为正，同时，非国有董事治理积极性（NONVOTE_R）与国有企业资产保值增值（MAVA_EVA）的回归系数（0.1140）也在 1% 水平上显著为正；与此同时，如表 4-5 列（1）和列（3）所示，非国有董事治理积极性（NONVOTE）与管理费用率（MC）的回归系数（-4.6930）在 1% 水平上显著为负，同时，非国有董事治理积极性（NONVOTE_R）与管理费用率（MC）的回归系数（-29.2200）也在 1% 水平上显著为负；进一步地，将非国有董事治理积极性（NONVOTE、NONVOTE_R）、管理费用率（MC）与国有企业资产保值增值（MAVA_EVA）三者置于同一模型中，如表 4-5 列（2）和列（4）所示，管理费用率（MC）与国有企业资产保值增值（MAVA_EVA）的回归系数显著为负，同时非国有董事治理积极性（NONVOTE、NONVOTE_R）与国有企业资产保值增值（MAVA_EVA）的回归系数仍旧显著，并且上述中介效应通过了 Sobel 检验。综上所述，实证检验结果表明管理费用率的中介效应显著，即非国有董事通过"用手投票"积极参与混改国有企业治理能够通过减轻代理成本来促进国有企业资产保值增值，因此，减轻代理成本构成了非国有董事治理积极性促进国有企业资产保值增值的影响路径之一。

表 4-5　影响路径之减轻代理成本的检验结果

变量	(1)	(2)	(3)	(4)
	MC	MAVA_EVA	MC	MAVA_EVA
NONVOTE	-4.6930*** (-3.8068)	0.0770*** (4.7130)		
NONVOTE_R			-29.2200*** (-4.4456)	0.0986*** (3.3763)
MC		-0.0005*** (-3.7642)		-0.0005*** (-3.7450)

续表

变量	(1)	(2)	(3)	(4)
	MC	MAVA_EVA	MC	MAVA_EVA
SIZE	0.8490 (1.6338)	0.0089*** (3.8889)	0.7850 (1.5143)	0.0087*** (3.8190)
LEV	3.8330 (1.3954)	−0.1260*** (−10.4586)	3.8680 (1.4124)	−0.1260*** (−10.4715)
GROWTH	−0.4190 (−0.4936)	0.0260*** (7.0046)	−0.3150 (−0.3720)	0.0263*** (7.0579)
FATA	9.8020*** (3.0801)	−0.0951*** (−6.7924)	9.6370*** (3.0419)	−0.0968*** (−6.9145)
SHR1	−7.1220** (−1.9752)	0.0706*** (4.4616)	−7.7770** (−2.1606)	0.0685*** (4.3135)
PAY	1.3020* (1.8185)	0.0219*** (6.9624)	1.4370** (2.0130)	0.0224*** (7.1265)
MANAGE	−48.3300*** (−4.8100)	0.2270*** (5.0909)	−49.4700*** (−4.9354)	0.2230*** (4.9877)
OUT	13.2900 (1.3239)	−0.0815* (−1.8528)	14.6700 (1.4682)	−0.0739* (−1.6801)
Constant	−43.5000*** (−3.8509)	−0.4340** (−1.9850)	−43.3600*** (−3.8489)	−0.4290*** (−8.5879)
YEAR	YES	YES	YES	YES
IND	YES	YES	YES	YES
样本量	999	999	999	999
Within_R^2	0.2501	0.4670	0.2543	0.4646
Sobel 检验	Z 统计量 =−2.187**		Z 统计量 =−2.923***	

注：***、**和*分别表示在1%、5%和10%水平上显著，括号内为 T 值。

资料来源：笔者采用 Stata 软件计算整理而得。

第二，缓解信息不对称——年度股票周转率的中介效应。参考于震和丁尚宇（2019）、戴魁早等（2021）等的研究成果，尽管股票交易量在短期内可能受其他因素的影响，比如"黑天鹅"事件、投机套利抑或市场情绪等，但从长期来看，资本市场的股票交易量与投资者从企业获取的信息量存在相当紧密的关系，从而股票周转率可以衡量公司的信息不对称程度，特别是股东与企业之间，由此，本书以年度股票周转率为代理指标（IA），并以年度股票交易量与股票流通数量之比来计算，IA 数值越大，表明样本企业的信息不对称程度越低。表4-4的列（2）和列（4）与表4-6报告了影响路径之缓解信息不对称的中介检验结果。如表4-4列（2）和列（4）所示，非国有董事治理积极性（NONVOTE）与国有企业资产保值增值（MAVA_EVA）的回归系数（0.0240）在1%水平上显著为正，同时，非国有董事治理积极性（NONVOTE_R）与国有企业资产保值增值（MAVA_EVA）的回归系数（0.1140）也在1%水平上显著为正；与此同时，如表4-6列（1）和列（3）所示，非国有董事治理积极性（NONVOTE）与年度股票周转率（IA）的回归系数（0.4440）在1%水平上显著为正，同时，非国有董事治理积极性（NONVOTE_R）与年度股票周转率（IA）的回归系数（1.2930）在10%水平上显著为正；进一步地，将非国有董事治理积极性（NONVOTE、NONVOTE_R）、年度股票周转率（IA）与国有企业资产保值增值（MAVA_EVA）三者置于同一模型中，如表4-6列（2）和列（4）所示，年度股票周转率（IA）与国有企业资产保值增值（MAVA_EVA）的回归系数显著为正，同时非国有董事治理积极性（NONVOTE、NONVOTE_R）与国有企业资产保值增值（MAVA_EVA）的回归系数仍旧显著，并且上述中介效应通过了 Sobel 检验。综上所述，实证检验结果表明年度股票周转率的中介效应显著，即非国有董事通过"用手投票"积极参与混改国有企业治理能够通过缓解信息不对称来促进国有企业资产保值增值，因此，缓解信息不对称构成了非国有董事治理积极性促进国有企业资产保值增值的影响路径之一。

表4-6　影响路径之缓解信息不对称的检验结果

变量	(1)	(2)	(3)	(4)
	IA	MAVA_EVA	IA	MAVA_EVA
NONVOTE	0.4440***	0.0197***		
	(3.0436)	(3.7359)		
NONVOTE_R			1.2930*	0.1020***
			(1.6526)	(3.6145)
IA		0.0097***		0.0099***
		(8.2008)		(8.4022)

变量	（1）	（2）	（3）	（4）
	IA	MAVA_EVA	IA	MAVA_EVA
SIZE	0.0095	0.0092***	0.0101	0.0091***
	（0.1538）	（4.1686）	（0.1631）	（4.0834）
LEV	0.0422	−0.1240***	0.0210	−0.1240***
	（0.1299）	（−10.6182）	（0.0644）	（−10.6320）
GROWTH	−0.2170**	0.0279***	−0.2150**	0.0283***
	（−2.1564）	（7.6984）	（−2.1326）	（7.7891）
FATA	−0.6090	−0.0839***	−0.6660*	−0.0850***
	（−1.6162）	（−6.1822）	（−1.7658）	（−6.2724）
SHR1	0.6150	0.0608***	0.5910	0.0584***
	（1.4411）	（3.9524）	（1.3792）	（3.7949）
PAY	0.1580*	0.0210***	0.1690**	0.0215***
	（1.8654）	（6.8846）	（1.9837）	（7.0462）
MANAGE	−1.1330	0.2110***	−1.1860	0.2080***
	（−0.9533）	（4.9406）	（−0.9935）	（4.8491）
OUT	−0.2250	−0.0721*	−0.0431	−0.0656
	（−0.1895）	（−1.6871）	（−0.0362）	（−1.5361）
Constant	2.8670**	−0.4800***	2.8440**	−0.4800***
	（2.1445）	（−9.9536）	（2.1203）	（−9.9596）
YEAR	YES	YES	YES	YES
IND	YES	YES	YES	YES
样本量	999	999	999	999
Within_R^2	0.2159	0.4954	0.3051	0.4950
Sobel 检验	Z 统计量 = 2.516**		Z 统计量 = 2.057**	

注：***、**和*分别表示在1%、5%和10%水平上显著，括号内为 T 值。

资料来源：笔者采用 Stata 软件计算整理而得。

第三，提升决策有效性——投资效率的中介效应。参考高杰英等（2021）、段梦然等（2021）等的研究成果，本书以投资效率来衡量决策有效性（INV），并以 Richardson 模型进行 OLS 得到的残差绝对值衡量样本企业的投资效率，INV数值越大，表明样本企业的决策有效性越低。表4-4 的列（2）和列（4）与表4-7 报告了影响路径之提升决策有效性的检验结果。如表4-4 列（2）和列（4）

所示,非国有董事治理积极性(NONVOTE)与国有企业资产保值增值(MA-
VA_EVA)的回归系数(0.0240)在1%水平上显著为正,同时,非国有董事治
理积极性(NONVOTE_R)与国有企业资产保值增值(MAVA_EVA)的回归系
数(0.1140)也在1%水平上显著为正;与此同时,如表4-7列(1)和列(3)
所示,非国有董事治理积极性(NONVOTE)与投资效率(INV)的回归系数
(-0.0135)在5%水平上显著为负,同时,非国有董事治理积极性(NON-
VOTE_R)与投资效率(INV)的回归系数(-0.4440)在1%水平上显著为负;
进一步地,将非国有董事治理积极性(NONVOTE、NONVOTE_R)、投资效率
(INV)与国有企业资产保值增值(MAVA_EVA)三者置于同一模型中,如表
4-7列(2)和列(4)所示,投资效率(INV)与国有企业资产保值增值(MA-
VA_EVA)的回归系数显著为负,同时非国有董事治理积极性(NONVOTE、
NONVOTE_R)与国有企业资产保值增值(MAVA_EVA)的回归系数仍旧显著,
并且上述中介效应通过了Sobel检验。综上所述,实证检验结果表明投资效率的
中介效应显著,即非国有董事通过"用手投票"积极参与混改国有企业治理能
够通过提升决策有效性来促进国有企业资产保值增值,因此,提升决策有效性构
成了非国有董事治理积极性促进国有企业资产保值增值的影响路径之一。

基于上述分析,非国有董事通过"用手投票"积极参与混改国有企业治理
能够通过降低管理费用率、提高年度股票周转率和提高投资效率来促进国有企业
资产保值增值,即减轻代理成本、缓解信息不对称和提升决策有效性是非国有董
事治理积极性促进国有企业资产保值增值的重要影响路径。

表4-7 影响路径之提升决策有效性的检验结果

变量	(1)	(2)	(3)	(4)
	INV	MAVA_EVA	INV	MAVA_EVA
NONVOTE	-0.0135** (-2.5267)	0.0192*** (3.2740)		
NONVOTE_R			-0.4440*** (-3.0436)	0.0880* (1.9500)
INV		-0.1170*** (-2.8628)		-0.0099*** (-8.4022)

续表

变量	(1)	(2)	(3)	(4)
	INV	MAVA_EVA	INV	MAVA_EVA
SIZE	0.0030 (0.9161)	0.0093*** (4.0050)	0.0091*** (3.9587)	0.0091*** (3.2750)
LEV	−0.0311** (−2.2130)	−0.1240*** (−10.1998)	−0.1250*** (−10.2490)	−0.0591*** (−4.3150)
GROWTH	0.0010 (0.3131)	0.0261*** (6.9271)	0.0262*** (6.9714)	0.0180*** (4.2781)
FATA	−0.0390** (−2.2001)	−0.0913*** (−6.4929)	−0.0919*** (−6.5435)	−0.0560*** (−3.4851)
SHR1	−0.0440** (−2.1071)	0.0651*** (4.0705)	0.0648*** (4.0579)	−0.0630*** (−3.5221)
PAY	−0.0040 (−1.0091)	0.0235*** (7.3710)	0.0233*** (7.3567)	−0.0091** (−2.3560)
MANAGE	−0.0650 (−1.1921)	0.1970*** (4.4284)	0.1950*** (4.3783)	0.0251 (0.4850)
OUT	−0.1480*** (−2.5970)	−0.0652 (−1.4703)	−0.0636 (−1.4334)	−0.0211 (−0.4020)
Constant	0.1120* (1.7091)	−0.4600*** (−8.9997)	−0.4510*** (−8.8422)	0.0491 (0.8310)
YEAR	YES	YES	YES	YES
IND	YES	YES	YES	YES
样本量	999	999	999	999
Within_R^2	0.3487	0.4563	0.3218	0.4564
Sobel 检验	Z 统计量 = −1.593**		Z 统计量 = −1.802*	

注：***、**和*分别表示在 1%、5%和 10%水平上显著，括号内为 T 值。

资料来源：笔者采用 Stata 软件计算整理而得。

五、稳健性检验

1. 两阶段回归（2SLS）

考虑到资产保值增值程度相对较高的国有企业，其公司治理水平也往往较高，可能对非国有董事投票行为产生"激励效应"（叶康涛等，2011），导致其非国有董事治理积极性也可能相对较高，从而产生反向因果。因此，为了缓解这一内生性问题对研究结果的影响，参考 Ma 和 Khanna（2013）及吴秋生和黄贤环（2017）的稳健性检验思路，本书以去除样本自身的非国有董事治理积极性的行业均值作为工具变量进行两阶段回归。如表 4-8 的列（1）至列（4）所示，其中，由列（2）和列（4）的第二阶段回归结果可知，NONVOTE 与 MAVA_EVA 的回归系数（0.0966）在 10% 水平上显著为正，并且 NONVOTE_R 与 MAVA_EVA 的回归系数（0.2570）同样在 10% 水平上显著为正，依旧支持了前文结论。

2. Hecman 两阶段模型

考虑到本书研究样本经过剔除非商业类的国有企业样本、剔除不存在非国有董事的样本等多次筛选，因而研究结论可能受到样本自选择偏差引起的内生性问题。因此，为了缓解样本自选择这一内生性问题对研究结果的影响，参考郭晔等（2020）以及张超和刘星（2015）的稳健性检验思路，本书采用 Hecman 两阶段模型进行检验。在第一阶段回归中，解释变量引入模型（4-1）中的控制变量，同时考虑年度固定效应和行业固定效应计算逆米尔斯比率（IMR），再将其代入模型（4-1）进行第二阶段回归。如表 4-8 的列（5）和列（6）所示，NONVOTE 与 MAVA_EVA 的回归系数显著为正，并且 NONVOTE_R 与 MAVA_EVA 的回归系数（0.1150）同样在 5% 水平上显著为正，说明在考虑了样本自选择问题后，支持了前文结论。

表 4-8　稳健性检验结果一

变量	(1)	(2)	(3)	(4)	(5)	(6)
	NONVOTE	MAVA_EVA	NONVOTE_R	MAVA_EVA	MAVA_EVA	MAVA_EVA
NONVOTE	0.1240 ***	0.0966 *			0.0253 ***	
	(3.7199)	(1.9182)			(2.8735)	
NONVOTE_R			0.1530 ***	0.2570 *		0.1150 **
			(5.5636)	(1.8400)		(2.2356)
SIZE	0.0061	0.0082 ***	0.0028	0.0081 ***	0.0019	0.0017
	(0.4265)	(3.0450)	(1.3216)	(3.0854)	(0.7652)	(0.7101)
LEV	-0.0351	-0.1240 ***	-0.0094	-0.1250 ***	-0.1040 ***	-0.1050 ***
	(-0.4716)	(-8.7462)	(-0.8522)	(-9.2313)	(-8.6397)	(-8.6524)

变量	(1) NONVOTE	(2) MAVA_EVA	(3) NONVOTE_R	(4) MAVA_EVA	(5) MAVA_EVA	(6) MAVA_EVA
GROWTH	-0.0006 (-0.0217)	0.0390*** (7.8405)	-0.0044 (-1.1098)	0.0402*** (8.4061)	0.0252*** (6.9301)	0.0256*** (7.0029)
FATA	-0.1200 (-1.3866)	-0.0941*** (-5.2517)	-0.0195 (-1.5386)	-0.1030*** (-6.4371)	-0.0769*** (-5.5967)	-0.0788*** (-5.7318)
SHR1	-0.0671 (-0.6799)	0.0608*** (3.2302)	-0.0089 (-0.6115)	0.0554*** (3.1662)	0.0758*** (4.8940)	0.0735*** (4.7300)
PAY	0.0164 (0.8158)	0.0241*** (6.2167)	-0.0024 (-0.8055)	0.0265*** (7.3715)	0.0194*** (6.2479)	0.0200*** (6.4529)
MANAGE	-0.3400 (-1.1380)	0.2240*** (3.8276)	0.0001 (0.0020)	0.1910*** (3.6088)	0.1690*** (3.9001)	0.1640*** (3.7863)
OUT	0.5040* (1.8400)	-0.1230** (-2.1256)	0.0363 (0.8976)	-0.0813* (-1.6530)	-0.0711* (-1.6528)	-0.0626 (-1.4536)
IMR					0.2240*** (3.8276)	0.1910*** (3.6088)
Constant	-0.0081 (-0.0261)	-0.4970*** (-8.4289)	0.0034 (0.0735)	-0.5000*** (-8.9959)	-0.2840*** (-5.3271)	-0.2850*** (-5.3457)
YEAR	YES	YES	YES	YES	YES	YES
IND	YES	YES	YES	YES	YES	YES
样本量	999	999	999	999	999	999
Within_R^2	0.0992	0.4545	0.0570	0.5132	0.4898	0.4874

注：***、**和*分别表示在1%、5%和10%水平上显著，括号内为T值。

资料来源：笔者采用Stata软件计算整理而得。

3. 安慰剂检验（Placebo test）

为进一步缓解内生性问题的影响，参考潘越等（2017）的稳健性检验思路，本书进行了安慰剂检验。具体思路为：如果将样本企业的非国有董事治理积极性进行随机替换，然后再就随机替换后的非国有董事治理积极性与国有企业资产保值增值关系进行回归分析，回归结果如果不显著，说明非国有董事治理积极性是影响国有企业资产保值增值的重要因素，回归结果如果显著，则说明较高的国有企业资产保值增值水平，在非国有董事治理积极性较低的样本中同样存在，即非国有董事治理积极性不是影响国有企业资产保值增值的重要因素。基于上述分析，首先，本书生成随机变量 NONVOTE、NONVOTE_R，使非国有董事治理积极性对国有企业资产保值增值的影响变得随机；其次，采用模型（4-1）将随机分配的非国有董事治理积极性（NONVOTE、NONVOTE_R）与国有企业资产保值增值（MAVA_EVA）进行重复回归 1000 次。安慰剂检验结果如图 4-2 所示，在重复回归 1000 次后 NONVOTE、NONVOTE_R 的回归系数中，显著为正与显著为负的占比均较小，说明本书随机分配非国有董事治理积极性的假设并不存在，即不存在严重的内生性问题，非国有董事治理积极性为影响国有企业资产保值增值的重要因素，支持了前文结论。

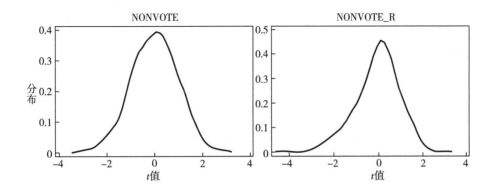

图 4-2　安慰剂检验结果

资料来源：笔者采用 Stata 软件绘制。

4. 倾向得分匹配（PSM）

考虑到非国有董事投非赞成票行为属于稀有事件，样本的数据分布结构存在不均衡的情况，因此，参考 Stiebale（2016）以及郑志刚等（2019）的稳健性检验思路，本书进一步使用倾向得分匹配方法进行检验。本书以非国有董事治理积极性虚拟变量（NONVOTE）作为控制组和处理组的分组变量，采用模型（4-1）的控制变量作为配对变量使用半径匹配法无放回进行配对。如表 4-9 所示，匹配后的主要协变量的标准化偏差的绝对值均在 10% 之下，表明匹配效果较好，通过了平衡性检验。然后，对匹配筛选后的样本进行重新回归，如表 4-10 列（1）和列（2）所示，非国有董事治理积极性（NONVOTE）与国有企业资产保值增值（MAVA_EVA）的回归系数（0.0224）在 1% 水平上显著为正，非国有董事治理积极性（NONVOTE_R）与国有企业资产保值增值（MAVA_EVA）的回归系数显著为正，支持了前文结论。

表4-9　匹配平衡性检验结果

协变量	匹配类型	均值		标准化偏差%	T检验	
		处理组	控制组		T值	P值
SIZE	匹配前	22.5710	22.7070	−10.9	−1.03	0.3040
	匹配后	22.5710	22.5730	−0.1	−0.01	0.9920
LEV	匹配前	0.4323	0.4636	−15.9	−1.55	0.1210
	匹配后	0.4323	0.4371	−2.4	−0.18	0.8590
GROWTH	匹配前	0.1292	0.1671	−8.1	−0.81	0.4160
	匹配后	0.1292	0.1387	−2.0	−0.16	0.8730
FATA	匹配前	0.1890	0.2249	−22.3	−2.00	0.0460
	匹配后	0.1890	0.1776	7.0	0.58	0.5610
SHR1	匹配前	0.2989	0.3116	−10.9	−1.02	0.3090
	匹配后	0.2989	0.3091	−8.8	−0.67	0.5060
PAY	匹配前	15.6720	15.6220	6.7	0.68	0.4960
	匹配后	15.6720	15.7030	−4.1	−0.30	0.7650
MANAGE	匹配前	0.0214	0.0200	3.2	0.32	0.7500
	匹配后	0.0214	0.0235	−4.8	−0.33	0.7380
OUT	匹配前	0.3610	0.3593	4.4	0.41	0.6790
	匹配后	0.3610	0.3576	8.8	0.65	0.5130

资料来源：笔者采用 Stata 软件计算整理而得。

5. 删除特殊样本

考虑到 2020 年中国受到新冠疫情的影响，国有上市公司的正常经营管理秩序受到冲击，国有企业资产保值增值情况也可能存在一定程度波动，从而可能影响本书研究结果的可靠性。因此，为排除这一潜在影响，本书将 2020 年样本删除后再对模型（4-1）进行检验。如表4-10列（3）和列（4）所示，非国有董事治理积极性（NONVOTE）与国有企业资产保值增值（MAVA_EVA）的回归系数（0.0235）在 1% 水平上显著为正，非国有董事治理积极性（NONVOTE_R）与国有企业资产保值增值（MAVA_EVA）的回归系数显著为正，支持了前文结论。

表4-10　稳健性检验结果二

变量	(1)	(2)	(3)	(4)
	MAVA_EVA			
NONVOTE	0.0224*** (3.7499)		0.0235*** (4.1374)	
NONVOTE_R		0.1160*** (3.8764)		0.1280*** (4.2116)
SIZE	0.0010 (0.2637)	0.0007 (0.1932)	0.0075*** (3.0646)	0.0072*** (2.9243)
LEV	−0.0679*** (−3.5526)	−0.0685*** (−3.5929)	−0.1080*** (−8.2253)	−0.1070*** (−8.1830)
GROWTH	0.0281*** (4.4077)	0.0297*** (4.6528)	0.0221*** (5.2091)	0.0220*** (5.2077)
FATA	−0.1090*** (−4.4886)	−0.1080*** (−4.4364)	−0.0898*** (−6.0017)	−0.0928*** (−6.2302)
SHR1	0.0681*** (2.7713)	0.0611** (2.4879)	0.0783*** (4.7051)	0.0750*** (4.5048)
PAY	0.0242*** (4.9433)	0.0254*** (5.2044)	0.0227*** (6.7919)	0.0234*** (7.0059)
MANAGE	0.1470** (2.3078)	0.1430** (2.2455)	0.2040*** (4.5453)	0.1990*** (4.4415)
OUT	−0.0188 (−0.2615)	−0.0014 (−0.0192)	−0.1050** (−2.1921)	−0.0986** (−2.0631)
Constant	−0.3690*** (−5.0590)	−0.3780*** (−5.1936)	−0.4250*** (−8.0259)	−0.4220*** (−7.9689)
YEAR	YES	YES	YES	YES
IND	YES	YES	YES	YES
样本量	390	390	859	859
Within_R^2	0.4671	0.4686	0.4257	0.4261

注：***、**和*分别表示在1%、5%和10%水平上显著，括号内为T值。

资料来源：笔者采用Stata软件计算整理而得。

6. 替换解释变量的测度指标

参考叶康涛等（2011）、祝继高等（2015）等文献的稳健性检验思路，缩小非赞成票的界定范围，即仅以反对意见作为非赞成票，而将同意意见、保留意见、无法表示意见、弃权意见和其他意见作为赞成票，在此基础上重新测度非国有董事治理积极性（NONVOTE、NONVOTE_R）并进行检验。如表4-11列（1）和列（2）所示，非国有董事治理积极性（NONVOTE）与国有企业资产保值增值（MAVA_EVA）的回归系数（0.0250）在1%水平上显著为正，非国有董事治理积极性（NONVOTE_R）与国有企业资产保值增值（MAVA_EVA）的回归系数显著为正，支持了前文结论。

表4-11　稳健性检验结果三

变量	(1)	(2)	(3)	(4)
	MAVA_EVA		MAVA_RATIO	
NONVOTE	0.0250*** (4.3478)		0.1220*** (3.1200)	
NONVOTE_R		0.1730*** (4.0439)		1.1410*** (5.5439)
SIZE	0.0091*** (3.9511)	0.0092*** (4.0000)	0.0724*** (4.4117)	0.0690*** (4.2483)
LEV	−0.1230*** (−10.1147)	−0.1250*** (−10.2731)	−0.3190*** (−3.6713)	−0.3110*** (−3.6271)
GROWTH	0.0256*** (6.8383)	0.0261*** (6.9644)	0.4470*** (16.6756)	0.4520*** (17.0316)
FATA	−0.0904*** (−6.4450)	−0.0920*** (−6.5598)	−0.0645 (−0.6416)	−0.0578 (−0.5820)
SHR1	0.0656*** (4.1268)	0.0636*** (3.9913)	−0.0499 (−0.4380)	−0.0769 (−0.6818)
PAY	0.0230*** (7.2922)	0.0232*** (7.3492)	−0.0271 (−1.1999)	−0.0231 (−1.0322)
MANAGE	0.1990*** (4.4902)	0.1950*** (4.3872)	0.4320 (1.3614)	0.3880 (1.2362)
OUT	−0.0711 (−1.6077)	−0.0664 (−1.5015)	0.5860* (1.8487)	0.6090* (1.9438)

续表

变量	(1)	(2)	(3)	(4)
	MAVA_EVA		MAVA_RATIO	
Constant	−0.4560*** (−9.1500)	−0.4530*** (−9.0890)	−0.0974 (−0.2730)	−0.0843 (−0.2388)
YEAR	YES	YES	YES	YES
IND	YES	YES	YES	YES
样本量	999	999	999	999
Within_R^2	0.4591	0.4577	0.3051	0.3203

注：***、**和*分别表示在1%、5%和10%水平上显著，括号内为T值。

资料来源：笔者采用Stata软件计算整理而得。

7. 替换被解释变量的测度指标

根据原国有资产管理局、财政部和原劳动部于1994年颁布的《国有资产保值增值考核试行办法》，本书以剔除本期资本金变化影响的保值增值率（MAVA_RATIO）作为代理指标，采用模型4-1重新检验了非国有董事治理积极性对国有企业资产保值增值的影响。如表4-11列（3）和列（4）所示，非国有董事治理积极性（NONVOTE）与国有企业资产保值增值（MAVA_RATIO）的回归系数（0.1220）在1%水平上显著为正，非国有董事治理积极性（NONVOTE_R）与国有企业资产保值增值（MAVA_RATIO）的回归系数显著为正，支持了前文结论。

第四节 进一步研究：形成机理分析
——公司层面投资者保护的替代

基于前文的理论分析和实证检验，本节将进一步揭示非国有董事治理积极性促进国有企业资产保值增值的形成机理。

董事如果在一片赞同中发出反对声，往往会被视为"特立独行"或"无理取闹"等非理性行为（郑志刚等，2016，2019），那么，在混合所有制企业中，非国有董事通过董事会投票行为积极参与治理是否是理性的？即非国有董事投票行为是否是基于理性原则而做出的并最终促进了国有企业资产保值增值？论证清楚这个问题，对于进一步揭示混合所有制企业中非国有董事治理积极性促进国有企业资产保值增值的形成机理有着重要意义，因此，本节将从公司层面投资者保护角度出发作进一步探讨。

保护投资者利益是公司治理的重要目标之一，并且公司层面的投资者保护会影响企业控制权配置和内部治理机制运行（La Porta et al.，2002）。当公司层面投资者保护水平较低时，由于国有企业的预算软约束和内部人控制等问题，董事会决策过程中更容易产生或者通过损害国有企业和股东的议案，此时，非国有股东及其委派董事就会被迫行使投票权，以维护企业和自身权益，从而显示出理性；而当公司层面投资者保护水平较高时，企业的利益相关者行为相对协调，董事会内部就各类议案能够进行相对充分的讨论和沟通（窦炜等，2015），损害国有企业和股东的议案减少，此时，需要非国有董事发挥治理作用的机会也减少，非国有董事投票行为会发挥潜在促进保值增值的效应，同样显示出理性。因此，基于理性原则，混合所有制企业的投资者保护环境会对非国有董事投票行为的合理使用产生影响，即通过考察不同投资者保护水平下非国有董事投票行为的保值增值效应的差异性，就能够为判断其是否理性提供参照，从而进一步揭示非国有董事治理积极性促进国有企业资产保值增值的形成机理。具体来说有以下两方面：

一方面，混合所有制企业投资者保护水平较低时，由于被发现和制约的可能性减少，国有企业内部人获取控制权私利的成本也随之降低，因此，强势的国有企业内部人不仅能利用控制链的复杂性、相对信息优势等有利条件进行过度投资或在职消费等行为以获取私人收益，同时还会伴随各类盈余管理活动以隐藏获取的控制权私利，这些非效率行为既会损害企业利益，也会损害非国有股东权益。此时，混合所有制企业无法有效地保证非国有产权所有者的正当收益和自身利益，这会促使非国有产权所有者通过制度契约进行"自保"（窦炜等，2015），防止损害企业和自身利益的议案通过。非国有董事针对董事会议案投非赞成票就是"自保"行为所产生的结果，这形成了混合所有制企业董事会在公司决策过程中的自动纠错功能（Gomes & Novaes，2005），从而有效弥补了公司层面投资者保护水平的不足，最终促进了国有企业资产的保值增值。

另一方面，混合所有制企业投资者保护水平较高时，往往表现为合理的治理结构、完善的议事制度、良好的信息披露等（袁知柱等，2014；李海霞和王振山，2015），使董事会内部就各类议案能够进行相对顺利的讨论和沟通，国有企业内部人获取控制权私利的成本提高，妨害资产保值增值的短视行为也会随之减少，此时，混合所有制企业内非国有产权所有者的正当收益和自身利益能够得到有效保障，董事会决策的效率和科学化水平本身会显著提高，从而使非国有董事针对董事会议案投非赞成票的动机和频率减弱，董事会在决策过程中需要发挥自动纠错功能的机会减少，需要非国有董事发挥治理作用的机会也减少。基于上述分析，非国有董事治理积极性能够替代混合所有制企业中公司层面投资者保护程度的不足，从而促进国有企业资产保值增值。

综上所述，本书推测公司层面投资者保护程度的提高会弱化非国有董事治理积极性对国有企业资产保值增值的影响，即公司层面投资者保护水平越低非国有董事投票行为的保值增值效应越显著。为了证实上述猜想，本书构建模型（4-5）进行验证：

$$MAVA_{i,t}=\alpha_0+\alpha_1 NONVOTE_{i,t}+\alpha_2 NONVOTE_{i,t}\times IP_{i,t}+\alpha_3 IP_{i,t}+\alpha Controls_{i,t}+YEAR+IND+\varepsilon_{i,t} \tag{4-5}$$

在模型（4-5）中，MAVA 为被解释变量国有企业资产保值增值，包括 MAVA_EVA 和 MAVA_RATIO；NONVOTE、IP 以及 NONVOTE×IP 为解释变量，其中，NONVOTE 包括非国有董事治理积极性虚拟变量（NONVOTE）和非国有董事治理积极性连续变量（NONVOTE_R），IP 包括公司层面投资者保护水平（IP）和股价崩盘风险（IP_NCSKEW、IP_DUVOL）；Controls 为控制变量，包括公司规模（SIZE）、偿债能力（LEV）、发展能力（GROWTH）、资产结构（FATA）、股权结构（SHR1）、高管薪酬（PAY）、高管持股（MANAGE）、独董比例（OUT）；YEAR 为年度固定效应，IND 为行业固定效应。

关于公司层面投资者保护的衡量，已有研究主要有两种测度思路：其一，选取公司本身的财务与非财务指标计算综合指数来直接测度其投资者保护水平（北京工商大学"会计与投资者保护"项目组，2014；张宏亮和王靖宇，2018）。其二，通过公司在资本市场的相关表现来间接测度其投资者保护水平（于忠泊等，2013；张程睿，2016；张微微和姚海鑫，2019）。因此，本书同时采用上述两种思路衡量公司层面投资者保护程度：本书以北京工商大学"会计与投资者保护"

项目组建立的投资者保护指数加1的自然对数（IP）作为代理指标，该指标为正向指标，即数值越大，公司层面投资者保护水平越高。与此同时，考虑到该指标由管理控制、内部控制、财务运行、外部审计和会计信息等维度综合计算得出，具体指标涉及公司治理相关因素，因此，该指标与本书探讨的主题以及自变量——非国有董事治理积极性之间存在一定的内生性，会对研究结论的可靠性产生影响。而已有研究认为，公司层面投资者保护可以抑制管理层产生抑或隐藏"坏消息"，从而和股价崩盘风险负向关系显著（张宏亮和王靖宇，2018），由此，股价崩盘风险则能够从资本市场对公司层面的投资者保护进行充分反映。因此，本书还选取股价崩盘风险指标作为公司层面投资者保护的代理指标。对于股价崩盘风险的计量，选择学界通常采用的股票周收益的负偏程度（IP_NCSKEW）和股票周收益涨跌波动比（IP_DUVOL）两个指标衡量（梁利辉和陈一君，2014），这两个指标为反向指标，即数值越大，股价崩盘风险越大，公司层面投资者保护水平越低。

表4-12报告了公司层面投资者保护对非国有董事治理积极性与国有企业资产保值增值关系的调节效应，其中，列（1）和列（2）为公司层面投资者保护指数（IP）作为代理变量的回归结果，列（3）至列（6）为股价崩盘风险（IP_NCSKEW、IP_DUVOL）作为代理变量的回归结果。如表4-12列（1）和列（2）所示，非国有董事治理积极性（NONVOTE）与国有企业资产保值增值（MAVA_EVA）的回归系数（0.4420）在1%水平上显著为正，而NONVOTE×IP的回归系数（-0.1060）在1%水平上显著为负，同时，非国有董事治理积极性（NONVOTE_R）与国有企业资产保值增值（MAVA_EVA）的回归系数显著为正，而NONVOTE_R×IP的回归系数显著为负。由于IP为正向指标，因此，以上均说明公司层面投资者保护程度的提高会弱化非国有董事治理积极性对国有企业资产保值增值的影响，即公司层面投资者保护水平越低非国有董事投票行为的保值增值效应越显著，支持了上文猜想。采用股价崩盘风险（IP_NCSKEW、IP_DUVOL）作为代理变量的回归结果与前述结果一致：如表4-12列（3）至列（6）所示，非国有董事治理积极性（NONVOTE）与国有企业资产保值增值（MAVA_EVA）的回归系数均显著为正，同时，各交乘项（NONVOTE×IP_NCSKEW、NONVOTE×IP_DUVOL、NONVOTE_R×IP_NCSKEW、NONVOTE_R×IP_DUVOL）与国有企业资产保值增值（MAVA_EVA）的回归系数也均显著为

正，由于股价崩盘风险（IP_NCSKEW、IP_DUVOL）为负向指标，因此，同样支持了上文猜想。

表4-12 公司层面投资者保护的调节检验结果

变量	(1)	(2)	(3)	(4)	(5)	(6)
	MAVA_EVA					
	IP	IP	IP_NCSKEW	IP_DUVOL	IP_NCSKEW	IP_DUVOL
IP	0.0759***	0.0058	−0.0024	−0.0096***	−0.0010	−0.0070*
	(5.8022)	(0.7307)	(−1.0132)	(−2.5881)	(−0.4331)	(−1.9572)
NONVOTE	0.4420***		0.0300***	0.0304***		
	(7.6052)		(5.2979)	(5.3048)		
NONVOTE×IP	−0.1060***		0.0204***	0.0289***		
	(−7.2747)		(3.6654)	(3.0251)		
NONVOTE_R		0.4470***			0.1110***	0.1250***
		(3.4359)			(3.8101)	(4.2615)
NONVOTE_R×IP		−0.1000***			0.0685***	0.0744*
		(−2.7942)			(2.9130)	(1.8227)
SIZE	0.0082***	0.0088***	0.0096***	0.0094***	0.0093***	0.0090***
	(3.6588)	(3.8324)	(4.2170)	(4.1375)	(4.0672)	(3.9425)
LEV	−0.1170***	−0.1240***	−0.1250***	−0.1240***	−0.1260***	−0.1250***
	(−9.8743)	(−10.2771)	(−10.3724)	(−10.3134)	(−10.4087)	(−10.2893)
GROWTH	0.0252***	0.0259***	0.0254***	0.0255***	0.0259***	0.0260***
	(6.8932)	(6.8872)	(6.8189)	(6.8484)	(6.9147)	(6.9507)
FATA	−0.0796***	−0.0903***	−0.0846***	−0.0853***	−0.0880***	−0.0892***
	(−5.8020)	(−6.4495)	(−6.0425)	(−6.0858)	(−6.2669)	(−6.3426)
SHR1	0.0649***	0.0624***	0.0665***	0.0660***	0.0630***	0.0639***
	(4.1994)	(3.9253)	(4.2118)	(4.1766)	(3.9666)	(4.0175)
PAY	0.0210***	0.0232***	0.0220***	0.0225***	0.0228***	0.0234***
	(6.8211)	(7.3475)	(7.0110)	(7.1410)	(7.2244)	(7.4080)
MANAGE	0.2000***	0.1860***	0.1980***	0.1960***	0.1890***	0.1890***
	(4.6560)	(4.1883)	(4.4868)	(4.4373)	(4.2764)	(4.2636)
OUT	−0.0783*	−0.0664	−0.0781*	−0.0741*	−0.0688	−0.0619
	(−1.8195)	(−1.5063)	(−1.7736)	(−1.6795)	(−1.5578)	(−1.3984)
Constant	−0.7090***	−0.4660***	−0.4490***	−0.4590***	−0.4490***	−0.4530***
	(−10.8627)	(−8.4062)	(−9.0445)	(−9.2603)	(−9.0021)	(−9.0954)

续表

变量	(1)	(2)	(3)	(4)	(5)	(6)
	MAVA_EVA					
	IP	IP	IP_NCSKEW	IP_DUVOL	IP_NCSKEW	IP_DUVOL
YEAR	YES	YES	YES	YES	YES	YES
IND	YES	YES	YES	YES	YES	YES
样本量	999	999	999	999	999	999
Within_R^2	0.4893	0.4616	0.4662	0.4650	0.4610	0.4592

注：***、**和*分别表示在1%、5%和10%水平上显著，括号内为T值。

资料来源：笔者采用Stata软件计算整理而得。

综上所述，这两组回归结果不仅表明，公司层面投资者保护弱化了非国有董事治理积极性对国有企业资产保值增值的影响，即公司层面投资者保护水平越低，非国有董事投票行为对投资者保护的替代作用越强，非国有董事治理积极性的国资保值增值效应越显著，同时也表明混合所有制企业的公司层面投资者保护程度与非国有董事投非赞成票行为的可能性呈负相关关系。因此，实证结果既说明非国有董事投票行为具有理性，可以对公司层面投资者保护起到替代作用，即能够有效弥补公司层面现存的投资者保护不足，同时也说明国有董事要想获得非国有董事的支持和协同，实现资产保值增值，就必须加强投资者权益保护。

第五节　小结

本章基于产权理论、信息不对称理论、委托代理理论以及国企改革理论，分析了非国有董事治理积极性对国有企业资产保值增值的影响，并以2013～2020年中国沪深A股商业类国有上市公司为研究样本，构建多元回归模型进行实证检验。结果发现，非国有董事治理积极性的提高能够有效促进国有企业资产保值增值，即非国有董事通过"用手投票"积极参与混改国有企业治理，能够使国有企业董事会职权充分落实，并凸显了董事会在决策中所起到的自动纠错功能，从而有效缓解国有企业由于国有产权性质的先天特征以及政治关联而产生的诸多影响，最终推动资产保值增值目标实现，并且非国有董事"用手投票"能够通过降低管理费用率、提高年度股票周转率和提高投资效率来促进国有企业资产保值增值，即减轻代理成本、缓解信息不对称和提升决策有效性是非国有董事治理积极性促进国有企业资产保值增值的重要影响路径。与此同时，考虑到本书在实证检验过程中可能存在的反向因果、样本自选择等内生性问题，本书采用两阶段回归、Hecman两阶段模型、安慰剂检验和PSM方法缓解或排除了上述问题对研究结论的干扰，此外，本书还进行了多项稳健性检验，发现实证检验结果依旧支持上述研究结果，从而增强了本书研究结论的可靠性和严谨性。在此基础上，本章从公司层面投资者保护视角出发进一步检验了非国有董事治理积极性促进国有企业资产保值增值的形成机理，研究发现，公司层面投资者保护弱化了非国有董事治理积极性对国有企业资产保值增值的影响，即公司层面投资者保护水平越低，非国有董事治理积极性的国资保值增值效应越显著，说明非国有董事投票行为是理性的，可以在公司层面投资者保护不足时起到替代作用，从而促进国有企业资产保值增值。

本章研究结论深化了国有企业混合所有制改革研究，由"混资本"推进到"改机制"，打开了非国有股东委派人员发挥作用的黑箱，丰富了国有企业资产保值增值的影响因素与非国有股东参与国企混改以及董事投票行为的经济后果研究。同时，研究结论能够为国有企业在科学设计混合所有制企业的股权结构，实现"混资本"的基础上，不断优化治理机制，依法保障非国有股东提名和委派董事的权利，建立各方积极参与、决策高效的董事会，从而充分发挥非国有董事的治理作用，真正实现"改机制"，最终推进国有企业做强做优做大，促进国有企业资产保值增值提供政策建议。

第五章　非国有董事治理积极性、治理权力特征与国有企业资产保值增值

　　董事的治理权力行使集中表现为董事的"用手投票"行为，非国有董事治理积极性治理效应的发挥源于其拥有的治理权力。前述第四章在探讨非国有董事治理积极性与国有企业资产保值增值关系的过程中，直接结果导向性地剖析以"用手投票"代理的非国有董事治理积极性可能存在的经济后果，而并未深究非国有董事治理权力本身特征的存在及其对治理效应的影响。根据前述第三章的讨论，本书通过回答非国有董事的治理权力从何而来、如何规划以及是何表现三个问题科学系统地刻画了治理权力特征，并阐述了治理权力特征对非国有董事"用手投票"治理效应的影响，这为本章深入分析非国有董事治理积极性、治理权力特征与国有企业资产保值增值间的关系提供了研究基础。基于此，本章从治理权力基础、治理权力配置以及治理权力协同三方面论证并检验治理权力特征对非国有董事治理积极性与国有企业资产保值增值关系的调节效应，以期形成股权结构、控制权结构以及委派人员治理行为为一体的理论分析框架。

第一节　理论分析与假设提出

一、治理权力基础对基本关系的调节效应

　　公司治理理论认为，董事会是公司治理的核心，在股东大会的委托关系下，

拥有决策权（Fama & Jensen，1983），并且董事具有与其真实股东相同的所有权性质（Jensen & Meckling，1976；Baldenius et al.，2014）。换言之，作为股东的代理人，董事"用手投票"的权力来自其背后的真实股东，股东占据的股权和控制权比例会影响董事（Schwartz-Ziv & Weisbach，2013），即董事的治理行为依赖于其代表股东所处的股权结构和控制权结构（刘汉民等，2018；Attig et al.，2013），以上两者能够对非国有董事"用手投票"的治理效应产生影响。因此，非国有董事的治理权力基础是其所代表的非国有股东的股权结构和控制权结构，即股权混合度以及控制权制衡度均会影响非国有董事"用手投票"的治理效应。具体来讲分为以下两方面：

一方面，从股权结构维度看，股权混合度会影响非国有董事"用手投票"的治理效应。随着非国有股东持股比例的提高，即股权混合度提高，异质性资本的进入会逐步影响各股东对混合所有制企业利润的期望值以及企业获取利润所需承担的风险（Aghion & Bolton，1992），从而能够从股东大会层面，直接对"所有者缺位"的国有股产生制衡，有效解决国有股"一股独大"带来的代理问题，为非国有董事发挥治理效应提供基础，从而促进国有企业资产保值增值。与此同时，非国有股东占据的股权除存在激励效应外，还存在惩罚及约束效应（刘小玄和李寿喜，2007），从而为其积极参与混改国企的决策管理活动提供内在动力，而控制权在一定程度上是状态依赖的（Aghion et al.，2013），虽然受到企业内外部许多因素的影响，并不单单由股权决定，但是持股水平是影响控制权获得的基础因素（刘汉民等，2018），因此，随着非国有股东持股比例的提高，即股权混合度提高，更有助于非国有股东在具体的控制权配置上同国有股东进行讨价还价（张维迎，1996），从而为获取更多董事会席位创造条件，这将直接提高非国有董事在董事会中的话语权和影响力，有利于发挥其国资保值增值效应。综上所述，股权混合度的提高能够加强非国有董事"用手投票"行为的治理效应，促进国有企业资产保值增值。基于上述分析，本书提出研究假设H5-1：

H5-1：股权混合度的提高会强化非国有董事治理积极性对国有企业资产保值增值的促进效应。

另一方面，从控制权结构维度看，控制权制衡度会影响非国有董事"用手投票"的治理效应。根据不完全合约理论，控制权分为特定权利和剩余权利（Grossman & Hart，1980），即契约内列出并界定的权利与指契约内没有列出或界定的权利。对于企业来说，控制是指对企业重大决策的控制，包括决策的审批和监督（Fama & Jensen，1983）。在董事会与经理层职能分离或人员不（完全）重合的企业中，这些权利是董事会的权利，从而董事能够通过了解信息和参与管理而享有实质的决策控制权（Schwartz-Ziv & Weisbach，2013）。因此，随着非国有股东委派人员比例提高，即控制权制衡度提高，非国有董事取得实质控制权的程度在加深，这代表着非国有股东及其委派董事拥有更大的话语权和影响力，更有助于非国有董事在董事会发出差异化、市场化以及专业化的声音，有效监督与修正混改国企的管理活动和决策行为，从而避免成为"橡皮图章"或者"花瓶董事"（叶康涛等，2011），有利于发挥其国资保值增值效应。与此同时，当国有企业内部人推进损害非国有股东或者混改国企整体利益的议案时，非国有董事也更有能力阻止或者完善相关事项，从而对国有企业内部人形成有效制衡，缓解国企"半市场化、半行政化"高管的机会主义行为，从而促进国有企业资产保值增值。综上所述，控制权制衡度的提高能够加强非国有董事"用手投票"行为的治理效应，促进国有企业资产保值增值。基于上述分析，本书提出研究假设H5-2：

H5-2：控制权制衡度的提高会强化非国有董事治理积极性对国有企业资产保值增值的促进效应。

二、治理权力配置对基本关系的调节效应

控制权是指对企业重大决策的控制（Fama & Jensen，1983），具体的控制权配置是讨价还价的结果（张维迎，1996），这在现代企业中直接反映为董事会构成，即谁拥有董事会席位，谁就对企业拥有控制权，并且对于非国有资本而言，非国有董事席位的集中程度将影响其董事会议案讨论和沟通成本，进而影响非国有董事"用手投票"的治理效应。与此同时，通常来讲控制权是由股权决定的，拥有股权的同时也就拥有了控制权，但是在国企混改实践中，股权和控制权是两种独立的工具（Ma & Khanna，2013；Aghion et al.，2013；Aghion & Bolton，1992），此时非国有股东的股权与控制权并不一定完全对等，两者的对等程度将影响非国有股东及其委派董事是否有足够意愿和能力参与国企治理（蔡贵龙等，2018）。因此，非国有董事的治理权力配置包含控制权的集中程度以及股权与控制权的对等程度，即配置集中度以及配置对等度均会影响非国有董事"用手投

票"的治理效应。具体来讲分为以下两个方面：

一方面，从控制权的集中程度看，配置集中度会影响非国有董事"用手投票"的治理效应。在混合所有制企业，各个股东的目标函数和收益偏好不同（Aghion et al.，2013；汪平等，2015），因此，在董事会席位数量一定的情况下，如果其中非国有股东所占据的董事席位分别属于多个不同非国有股东，即配置集中度低，将会增加非国有董事面对董事会议案所进行讨论和沟通的成本，也更不容易达成一致，从而削弱非国有董事面对国有董事的实际影响力和制衡能力，无法有效缓解国有企业内部人存在的影响国有企业资产保值增值的道德风险和机会主义行为（王言等，2019），不利于发挥非国有董事"用手投票"的治理效应。反之，如果董事会中非国有股东所占据的董事席位集中于少数，甚至是一个非国有股东，即配置集中度高，则能够降低非国有董事面对董事会议案所进行讨论和沟通的成本，代表着非国有董事群体自身容易形成一致的行动，从而提升了非国有董事的话语权，有助于其在董事会中发出差异化、专业化和市场化的声音（吴秋生和独正元，2019；蔡贵龙等，2021），提升国有企业的决策有效性，减轻国有企业代理成本，最终强化非国有董事治理积极性对国有企业资产保值增值的促进效应。综上所述，配置集中度的提高能够加强非国有董事"用手投票"行为的治理效应，促进国有企业资产保值增值。基于上述分析，本书提出研究假设H5-3：

H5-3：配置集中度的提高会强化非国有董事治理积极性对国有企业资产保值增值的促进效应。

另一方面，从股权与控制权的对等程度看，配置对等度会影响非国有董事"用手投票"的治理效应。根据《中华人民共和国公司法》规定，在有限责任制下，股东基于其特有份额承担有限责任，履行股东义务，因此，股权对股东而言具有激励和约束双重影响，是股东积极参与公司经营和管理的内在动力源泉。非国有股东持股比例在一定程度上代表着其需要承担的责任和义务，与此同时，控制权直接反映为董事会构成，即谁拥有董事会席位，谁就对企业拥有控制权，因此，非国有股东委派人员比例则代表着其拥有的权力（郑志刚等，2019）。通常来讲控制权是由股权决定的，拥有股权的同时也就拥有了控制权，但是在国企混改实践中，股权和控制权是两种独立的工具（Aghion & Bolton，1992；Aghion et al.，2013），此时非国有股东的股权与控制权并不一定完全对等，如果非国有股东委派人员比例低于其持股比例，即配置对等度低，这显示其对企业拥有的控制权低于其股权，说明非国有股东权责不对等，承担着"额外"的约束和义务（刘汉民等，2018），从而降低了非国有董事参与混改国企治理的意愿和能力（Jiang et al.，2016），限制了"用手投票"行为的治理效应，反之，如果非国有股东委派人员比例与其持股比例相匹配，即配置对等度高，就能够提升非国有董事决策与制衡的意愿和能力，从而减轻代理成本，提高国有企业的市场化程度（郑志刚等，2016），最终强化非国有董事治理积极性对国有企业资产保值增值的促进效应。综上所述，配置对等度的提高能够加强非国有董事"用手投票"行为的治理效应，促进国有企业资产保值增值。基于上述分析，本书提出研究假设 H5-4：

H5-4：配置对等度的提高会强化非国有董事治理积极性对国有企业资产保值增值的促进效应。

三、治理权力协同对基本关系的调节效应

在混合所有制企业，往往多个非国有股东都能凭借其持股比例委派董事进入董事会，虽然在性质上这些委派董事均代表着非国有资本的权益，但是其仍旧属于不同的企业组织，从而产生不同的目标函数和收益偏好（Aghion et al.，2013；汪平等，2015），因此，就非国有董事群体内部而言，代表不同非国有股东的非国有董事是否能够在董事会议案投票上协同一致、共同发声，将直接影响其对国有企业内部人的制衡水平（Tang et al.，2013），进而影响非国有董事"用手投票"的治理效应。与此同时，独立董事相较于非国有董事来说不具有真实股东背景，其虽然不代表特定股东利益，但却旨在保护全体股东特别是中小股东权益（叶康涛等，2011；Wang et al.，2016），而在"一股独大"的国有企业中，从股权结构来看非国有股东往往就是中小股东，因此，独立董事的愿景和目标与非国有董事具有相当程度的相似性（Jiang et al.，2016），因此，就非国有董事群体外部，即其与独立董事群体联系而言，独立董事的投票行为是否能够与非国有董事的投票行为保持协同一致，同样会影响非国有董事"用手投票"的治理效应。因此，非国有董事治理权力协同既包括非国有董事内部投票行为的协同一致，也包括非国有董事与独立董事投票行为的协同一致，即内部协同性以及外部协同性均会影响非国有董事"用手投票"的治理效应。具体来讲分为以下两方面：

一方面，从非国有董事内部投票行为的协同一致看，内部协同性会影响非国

有董事"用手投票"的治理效应。基于公司治理原理，董事会中的董事是其所属股东的"代言人"，股东的意见表达会通过董事的"用手投票"行为直接展示，因此，股东间的利益分歧和意见相近使其具体体现为董事投票结果的不一致性（Du et al.，2012）。面对国企内部人在推进可能损害非国有股东或者企业整体权益的议案时，如果代表不同非国有股东的非国有董事群体的"用手投票"行为能够协同一致，即具有内部协同性，则有助于凝聚整个非国有董事群体的影响力，提升非国有股东的话语权（叶康涛等，2011；Wang et al.，2016），从而克服"所有者缺位"下的内部人控制，最终强化非国有董事治理积极性对国有企业资产保值增值的促进效应，反之，如果代表不同非国有股东的各个非国有董事各自表达、难以协调一致，即不具有内部协同性，则给了国有企业内部人通过不利于非国有股东或者混改国企整体利益议案的空间和机会（祝继高等，2015），大大降低了混改国企引入"到位"所有者应具备的决策和制衡作用，无法有效缓解国有产权性质的先天特征以及政治关联对国有企业资产保值增值的不利影响（吴秋生和独正元，2019；蔡贵龙等，2021），限制了"用手投票"行为的治理效应。综上所述，内部协同一致能够加强非国有董事"用手投票"行为的治理效应，促进国有企业资产保值增值。基于上述分析，本书提出研究假设 H5-5：

H5-5：相较于不具有内部协同性，具有内部协同性会强化非国有董事治理积极性对国有企业资产保值增值的促进效应。

另一方面，从非国有董事与独立董事投票行为的协同一致看，外部协同性会影响非国有董事"用手投票"的治理效应。独立董事群体是董事会中的重要组成部分，是解决企业代理问题的重要机制之一（Fama & Jensen，1983），同样能够发挥对国有企业内部人的制衡作用。针对董事会议案，如果非国有董事群体与独立董事群体的"用手投票"行为能够协同一致，即具有外部协同性，则有助于进一步增强制衡国有董事的话语权，充分保护全体股东特别是中小股东权益（Wang et al.，2016），缓解国有股的利益侵占活动以及国有企业内部人的机会主义行为（Ma & Khanna，2013），从而强化非国有董事治理积极性对国有企业资产保值增值的促进效应，反之，如果非国有董事群体与独立董事群体的"用手投票"行为没有协同一致，即不具有外部协同性，则既不利于中小股东在应对国有股过程中的权益保护，同时董事会中也更可能出现影响混改国企绩效、投资效率的决策活动（唐雪松等，2010），限制了非国有董事"用手投票"行为的治理效应，从而不利于国有企业资产保值增值。综上所述，外部协同一致能够加强非国有董事"用手投票"行为的治理效应，促进国有企业资产保值增值。基于上述分析，本书提出研究假设 H5-6：

H5-6：相较于不具有外部协同性，具有外部协同性会强化非国有董事治理积极性对国有企业资产保值增值的促进效应。

本节的逻辑关系如图 5-1 所示：

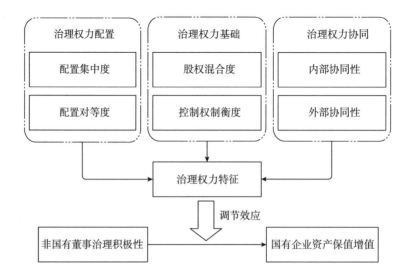

图 5-1　治理权力特征对基本关系调节效应的逻辑关系

资料来源：笔者采用 Visio 软件绘制。

第二节　研究设计

一、变量定义

1. 治理权力基础变量

关于治理权力从何而来：非国有董事的治理权力基础是其所代表的非国有股

东的股权结构和控制权结构。在此基础上，参考刘运国等（2016）、蔡贵龙等（2018）、独正元和吴秋生（2020）等的研究成果，本书同时从股权结构和控制权结构角度设置治理权力基础变量，如表5-1治理权力特征变量定义表所示，具体来讲：其一，以股权混合度（NONPR_STK）衡量股权结构角度下的治理权力基础，即采用非国有股东持股比例来具体测度；其二，以控制权制衡度（NONPR_CTL）衡量控制权结构角度下的治理权力基础，即采用非国有股东委派人员比例来具体测度。

2. 治理权力配置变量

关于治理权力如何规划：首先，公司具体的控制权配置在企业中直接反映为董事会构成，即谁拥有董事会席位，谁就对企业拥有控制权（Fama & Jensen，1983），并且如果委派人员集中于少数的非国有股东，则说明非国有董事的治理权力更为集中；其次，通常来讲股权是控制权的前提，获取股权也就相应地取得了控制权，但由于控制权相对独立，导致二者并非完全对等（刘汉民等，2018），两者是否对等将影响非国有董事是否有足够意愿和能力参与国企治理。在此基础上，参考 Aghion 等（2013）、刘汉民等（2018）等的研究成果，本书从权力是否集中和权责是否对等两方面设置治理权力配置变量，如表5-1治理权力特征变量定义表所示，具体来讲：其一，以配置集中度（NONPR_CON）衡量非国有董事的治理权力配置的权力是否集中，即采用非国有股东委派人员数量与存在委派行为的非国有股东数量之比来具体测度；其二，以配置对等度（NONPR_EQU）衡量非国有董事的治理权力配置的权责是否对等，即采用非国有股东委派人员比例与非国有股东持股比例之比来具体测度。

3. 治理权力协同变量

关于治理权力是何表现：既表现为非国有董事群体内部的投票协同性，这是由各非国有股东不同的目标函数和收益偏好产生的（汪平等，2015）；也表现为非国有董事群体外部，即其与独立董事群体的投票协同性，这是由独立董事愿景和目标与非国有董事间的相似性而产生的。在此基础上，参考 Mace（1986）、Jiang 等（2016）等的研究成果，本书同时从非国有董事内部投票行为的协同一致以及非国有董事与独立董事投票行为的协同一致两方面设置治理权力协同变量，如表5-1治理权力特征变量定义表所示，具体来讲：其一，以内部协同性（NONPR_IN）衡量非国有董事内部投票行为的协同一致，即采用虚拟变量来具体测度，各非国有董事投票一致为1，否则为0；其二，以外部协同性（NON-PR_OUT）衡量非国有董事与独立董事投票行为的协同一致，即采用虚拟变量来具体测度，非国有董事与独立董事投票一致为1，否则为0。

表5-1　治理权力特征变量定义

变量名称		变量符号	计算方法
治理权力基础	股权混合度	NONPR_STK	非国有股东持股比例
	控制权制衡度	NONPR_CTL	非国有股东委派人员比例
治理权力配置	配置集中度	NONPR_CON	非国有股东委派人员数量/存在委派行为的非国有股东数量
	配置对等度	NONPR_EQU	非国有股东委派人员比例/非国有股东持股比例
治理权力协同	内部协同性	NONPR_IN	虚拟变量，各非国有董事投票一致为1，否则为0
	外部协同性	NONPR_OUT	虚拟变量，非国有董事与独立董事投票一致为1，否则为0

资料来源：笔者整理。

二、模型设计

为了实证检验各治理权力特征对非国有董事治理积极性与国有企业资产保值增值关系的调节效应，本书在模型（4-1）的基础上分别加入各治理权力特征变量及其与非国有董事治理积极性变量的交乘项，构建模型（5-1）对假设H5-1至H5-6验证：

$$MAVA_{i,t} = \alpha_0 + \alpha_1 NONVOTE_{i,t} + \alpha_2 NONVOTE_{i,t} \times NONPR_{i,t} + \alpha_3 NONPR_{i,t} +$$
$$\alpha Controls_{i,t} + YEAR + IND + \varepsilon_{i,t} \tag{5-1}$$

在模型（5-1）中，MAVA为被解释变量国有企业资产保值增值，包括MAVA_EVA和MAVA_RATIO。NONVOTE、NONPR以及NONVOTE×NONPR为解释变量，其中，NONVOTE包括非国有董事治理积极性虚拟变量（NONVOTE）和非国有董事治理积极性连续变量（NONVOTE_R）；NONPR为治理权力特征变量，涉及治理权力基础、治理权力配置和治理权力协同三个方面，具体包括：股权混合度（NONPR_STK）、控制权制衡度（NONPR_CTL）、配置集中度（NON-PR_CON）、配置对等度（NONPR_EQU）、内部协同性（NONPR_IN）和外部协同性（NONPR_OUT）。Controls 为控制变量，包括公司规模（SIZE）、偿债能力（LEV）、发展能力（GROWTH）、资产结构（FATA）、股权结构（SHR1）、高管薪酬（PAY）、高管持股（MANAGE）、独董比例（OUT）。YEAR 为年度固定效应，IND 为行业固定效应。在上述模型中，主要考察非国有董事治理积极性与各治理权力特征变量的交乘项系数 α_2，若 α_2 显著为正，则研究假设 H5-1 至 H5-6 得到验证。

第三节　实证结果与分析

一、描述性统计

表 5-2 报告了治理权力特征变量的描述性统计结果，从中可以看出：其一，关于治理权力基础指标（NONPR_STK 和 NONPR_CTL），NONPR_STK 的均值为 0.1770，中位数为 0.1460，说明样本企业平均来看其非国有股东持股比例为 17.70%，最小值为 0.0182，最大值为 0.5780，标准差为 0.1270，说明样本企业间非国有董事治理权力的股权基础存在一定差异；NONPR_CTL 的均值为 0.2650，中位数为 0.2000，最小值为 0.1000，最大值为 0.7140，标准差为 0.1410，说明样本企业平均来看其非国有股东委派人员比例为 26.50%，超过一半的样本企业其非国有股东委派人员比例大于 20%。上述统计结果共同表明，样本企业的非国有股东除了基于持股比例的投票表决权在股东大会层面形成影响力外，还通过委派人员在控制权层面发挥作用。其二，关于治理权力配置指标（NONPR_CON 和 NONPR_EQU），NONPR_CON 的均值为 1.1310，中位数为 1.0000，表明样本企业平均每个非国有股东会向混改国企委派 1.131 名人员参与公司治理，同时每个非国有股东委派人员数量多于和少于 1 名的样本企业各占一半，最小值为 0.3330，最大值为 3.0000，标准差为 0.4970，表明样本企业间非国有董事的治理权力配置集中度存在一定差异；NONPR_EQU 的均值为 2.5130，中位数为 1.6190，表明超过一半的样本企业其非国有股东委派人员比例大于非国有股东持股比例，这不仅体现了国有企业混合所有制改革进入更深层次，还为非

国有股东发声提供了渠道、充分保护了非国有资本的合理权益，最小值为0.3450，最大值为14.2400，标准差为2.5350，表明样本企业间非国有董事的治理权力配置对等度存在较大差异。其三，关于治理权力协同指标（NONPR_IN和NONPR_OUT），在发生非国有董事投非赞成票的106个样本企业中，NONPR_IN的均值为0.5670，中位数为1.0000，最小值为0.0000，最大值为1.0000，标准差为0.4960，表明在发生非国有董事投非赞成票的样本企业中，存在56.70%的样本企业各非国有董事间投票一致；NONPR_OUT的均值为0.5630，中位数为1.0000，最小值为0.0000，最大值为1.0000，标准差为0.4960，表明在发生非国有董事投非赞成票的样本企业中，存在56.30%的样本企业非国有董事与独立董事投票一致。此外，上述治理权力特征变量的描述性统计结果与已有文献基本一致（刘汉民等，2018；独正元和吴秋生，2020），反映了本书数据收集和整理过程的可靠性和准确性。

表5-2 治理权力特征变量描述性统计结果

Table A								
变量名称	样本量	均值	标准差	最小值	p25	p50	p75	最大值
NONPR_STK	999	0.1770	0.1270	0.0182	0.0809	0.1460	0.2460	0.5780
NONPR_CTL	999	0.2650	0.1410	0.1000	0.1670	0.2000	0.3330	0.7140
NONPR_CON	999	1.1310	0.4970	0.3330	1.0000	1.0000	1.0000	3.0000
NONPR_EQU	999	2.5130	2.5350	0.3450	0.9710	1.6190	3.0250	14.2400
Table B（NONVOTE=1）								
变量名称	样本量	均值	标准差	最小值	p25	p50	p75	最大值
NONPR_IN	106	0.5670	0.4960	0.0000	0.0000	1.0000	1.0000	1.0000
NONPR_OUT	106	0.5630	0.4960	0.0000	0.0000	1.0000	1.0000	1.0000

注：p25、p50和p75分别表示1/4、1/2和3/4分位数。

资料来源：笔者采用Stata软件计算整理而得。

二、相关性分析

表5-3报告了相关性分析与VIF检验结果，包括股权混合度（NONPR_STK）、控制权制衡度（NONPR_CTL）、配置集中度（NONPR_CON）、配置对等

度（NONPR_EQU）、内部协同性（NONPR_IN）和外部协同性（NONPR_OUT）在内的各治理权力特征变量分别与非国有董事治理积极性（NONVOTE、NONVOTE_R）之间的相关系数为正，这表明随着各治理权力特征变量数值增加，非国有董事治理积极性在提高，从而可能强化其对国有企业资产保值增值的促进效应，初步验证了假设 H5-1 至 H5-6，并且上述相关系数均不超过 0.7，说明当前模型不存在严重的多重共线性。与此同时，如表 5-3 所示，各个变量 VIF 的最大值为 1.58，平均 VIF 值为 1.25，同样表明基本满足多重共线性条件。以上共同表明本书所构建的模型（5-1）具有良好的可靠性和科学性。

表 5-3 相关性分析与 VIF 检验结果

Table A 相关性分析结果		
变量名称	NONVOTE	NONVOTE_R
NONPR_STK	0.0135	0.0014
NONPR_CTL	0.0558 *	0.0540 *
NONPR_CON	0.0192	0.0232
NONPR_EQU	0.0046	0.0003
NONPR_IN	0.0463	0.0492
NONPR_OUT	0.0500	0.0533 *
Table B 方差膨胀因子（VIF）检验结果		
变量名称	VIF	1/VIF
NONVOTE	1.02	0.9848
NONVOTE_R	1.11	0.9040
NONPR_STK	1.36	0.7355
NONPR_CTL	1.28	0.7831
NONPR_CON	1.15	0.8695
NONPR_EQU	1.42	0.7051
NONPR_IN	1.08	0.9279
NONPR_OUT	1.58	0.6333
均值	1.25	

注：***、** 和 * 分别表示在 1%、5% 和 10% 水平上显著。

资料来源：笔者采用 Stata 软件计算整理而得。

三、回归结果与分析

表5-4报告了治理权力基础对非国有董事治理积极性与国有企业资产保值增值关系的调节效应，其中，列（1）和列（2）为股权混合度（NONPR_STK）的调节效应检验结果，列（3）和列（4）为控制权制衡度（NONPR_CTL）的调节效应检验结果。其一，关于股权混合度的调节效应，如表5-4列（1）和列（2）所示，非国有董事治理积极性（NONVOTE）与国有企业资产保值增值（MAVA_EVA）为正相关关系，并且 NONVOTE×NONPR_STK 的回归系数（0.0678）在10%水平上显著为正，同时，非国有董事治理积极性（NONVOTE_R）与国有企业资产保值增值（MAVA_EVA）为正相关关系，并且 NONVOTE_R×NONPR_STK 的回归系数也显著为正。由于 NONPR_STK 为正向指标，因此，以上均说明股权混合度的提高会强化非国有董事治理积极性对国有企业资产保值增值的影响，支持了假设 H5-1。其二，关于控制权制衡度的调节效应，如表5-4列（3）和列（4）所示，非国有董事治理积极性（NONVOTE）与国有企业资产保值增值（MAVA_EVA）为正相关关系，并且 NONVOTE×NONPR_CTL 的回归系数（0.0814）在5%水平上显著为正，同时，非国有董事治理积极性（NONVOTE_R）与国有企业资产保值增值（MAVA_EVA）为正相关关系，并且 NONVOTE_R×NONPR_CTL 的回归系数（0.3250）在10%水平上显著为正。由于 NONPR_CTL 为正向指标，因此，以上均说明控制权制衡度的提高会强化非国有董事治理积极性对国有企业资产保值增值的影响，支持了假设 H5-2。

表5-4　治理权力基础的调节效应检验结果

变量	（1）	（2）	（3）	（4）
	MAVA_EVA			
	NONPR_STK		NONPR_CTL	
NONPR	0.0460 *** （2.8662）	0.0407 *** （2.5959）	0.0203 （1.4228）	0.0242 * （1.7413）
NONVOTE	0.0118 （1.4031）		0.0033 （0.3059）	
NONVOTE×NONPR	0.0678 * （1.9135）		0.0814 ** （2.2590）	

续表

变量	（1）	（2）	（3）	（4）
	MAVA_EVA			
	NONPR_STK		NONPR_CTL	
NONVOTE_R		0.0058		0.0379
		(0.0979)		(0.7529)
NONVOTE_R×NONPR		0.2360 *		0.3250 *
		(1.6706)		(1.9188)
SIZE	0.0088 ***	0.0089 ***	0.0100 ***	0.0098 ***
	(3.8696)	(3.9050)	(4.3478)	(4.2330)
LEV	−0.1200 ***	−0.1220 ***	−0.1240 ***	−0.1250 ***
	(−9.9217)	(−10.0396)	(−10.2878)	(−10.3636)
GROWTH	0.0250 ***	0.0252 ***	0.0254 ***	0.0262 ***
	(6.7366)	(6.7207)	(6.8142)	(6.9996)
FATA	−0.0889 ***	−0.0919 ***	−0.0849 ***	−0.0866 ***
	(−6.4005)	(−6.5840)	(−6.0402)	(−6.1487)
SHR1	0.0692 ***	0.0678 ***	0.0667 ***	0.0647 ***
	(4.3512)	(4.2459)	(4.2083)	(4.0597)
PAY	0.0213 ***	0.0219 ***	0.0221 ***	0.0227 ***
	(6.7415)	(6.9068)	(6.9985)	(7.1712)
MANAGE	0.1630 ***	0.1640 ***	0.1910 ***	0.1860 ***
	(3.6334)	(3.6356)	(4.2337)	(4.0988)
OUT	−0.0795 *	−0.0713	−0.0917 **	−0.0868 *
	(−1.8100)	(−1.6178)	(−2.0491)	(−1.9374)
Constant	−0.4310 ***	−0.4360 ***	−0.4590 ***	−0.4580 ***
	(−8.7072)	(−8.7419)	(−9.2246)	(−9.1727)
YEAR	YES	YES	YES	YES
IND	YES	YES	YES	YES
样本量	999	999	999	999
Within_R^2	0.4699	0.4636	0.4645	0.4613

注：＊＊＊、＊＊和＊分别表示在1%、5%和10%水平上显著，括号内为 T 值。

资料来源：笔者采用 Stata 软件计算整理而得。

表5-5 报告了治理权力配置对非国有董事治理积极性与国有企业资产保值增值关系的调节效应，其中，列（1）和列（2）为配置集中度（NONPR_CON）

的调节效应检验结果，列（3）和列（4）为配置对等度（NONPR_EQU）的调节效应检验结果。其一，关于配置集中度的调节效应，如表5-5列（1）和列（2）所示，非国有董事治理积极性（NONVOTE）与国有企业资产保值增值（MAVA_EVA）为正相关关系，并且 NONVOTE×NONPR_CON 的回归系数（0.0128）在10%水平上显著为正，同时，非国有董事治理积极性（NON-VOTE_R）与国有企业资产保值增值（MAVA_EVA）为正相关关系，而 NON-VOTE_R×NONPR_CON 的回归系数显著为正。由于 NONPR_CON 为正向指标，因此，以上均说明配置集中度的提高会强化非国有董事治理积极性对国有企业资产保值增值的影响，支持了假设 H5-3。其二，关于配置对等度的调节效应，如表5-5列（3）和列（4）所示，非国有董事治理积极性（NONVOTE）与国有企业资产保值增值（MAVA_EVA）为显著正相关关系，并且 NONVOTE×NONPR_EQU 的回归系数（0.0040）在5%水平上显著为正，同时，非国有董事治理积极性（NONVOTE_R）与国有企业资产保值增值（MAVA_EVA）为正相关关系，并且 NONVOTE_R×NONPR_EQU 的回归系数（0.0112）在10%水平上显著为正。由于 NONPR_EQU 为正向指标，因此，以上均说明配置对等度的提高会强化非国有董事治理积极性对国有企业资产保值增值的影响，支持了假设 H5-4。

表5-5　治理权力配置的调节效应检验结果

变量	(1)	(2)	(3)	(4)
	MAVA_EVA			
	NONPR_CON		NONPR_EQU	
NONPR	0.0052 (1.2614)	0.0043 (1.0889)	0.000859 (1.0910)	0.0009 (1.1860)
NONVOTE	0.00814 (0.7599)		0.0121* (1.6901)	
NONVOTE×NONPR	0.0128* (1.6627)		0.0040** (2.4112)	
NONVOTE_R		0.0095 (0.1799)		0.0456 (1.0818)
NONVOTE_R×NONPR		0.0613** (2.2117)		0.0112* (1.9524)

续表

变量	(1)	(2)	(3)	(4)
	MAVA_EVA			
	NONPR_CON		NONPR_EQU	
SIZE	0.0089 *** (3.8700)	0.0090 *** (3.9078)	0.0092 *** (4.0169)	0.0092 *** (3.9895)
LEV	−0.1230 *** (−10.1997)	−0.1250 *** (−10.3543)	−0.1230 *** (−10.2175)	−0.1250 *** (−10.3292)
GROWTH	0.0260 *** (6.9387)	0.0260 *** (6.9195)	0.0251 *** (6.7293)	0.0256 *** (6.8280)
FATA	−0.0878 *** (−6.2676)	−0.0894 *** (−6.3861)	−0.0853 *** (−6.0827)	−0.0885 *** (−6.3019)
SHR1	0.0630 *** (3.9600)	0.0612 *** (3.8401)	0.0610 *** (3.8024)	0.0601 *** (3.7298)
PAY	0.0230 *** (7.2689)	0.0231 *** (7.3355)	0.0227 *** (7.2225)	0.0232 *** (7.3491)
MANAGE	0.1920 *** (4.3452)	0.1860 *** (4.1982)	0.2010 *** (4.5293)	0.1940 *** (4.3455)
OUT	−0.0722 (−1.6374)	−0.0680 (−1.5426)	−0.0830 * (−1.8744)	−0.0748 * (−1.6849)
Constant	−0.4500 *** (−9.0581)	−0.4470 *** (−8.9833)	−0.4470 *** (−8.9675)	−0.4490 *** (−8.9599)
YEAR	YES	YES	YES	YES
IND	YES	YES	YES	YES
样本量	999	999	999	999
Within_R^2	0.4632	0.4614	0.4650	0.4605

注：＊＊＊、＊＊和＊分别表示在1%、5%和10%水平上显著，括号内为T值。

资料来源：笔者采用Stata软件计算整理而得。

表5-6报告了治理权力协同对非国有董事治理积极性与国有企业资产保值增值关系的调节效应，其中，列（1）和列（2）为内部协同性（NONPR_IN）的调节效应检验结果，列（3）和列（4）为外部协同性（NONPR_OUT）的调节效应检验结果。其一，关于内部协同性的调节效应，如表5-6列（1）和列（2）所示，非国有董事治理积极性（NONVOTE）与国有企业资产保值增值（MA-

VA_EVA）为正相关关系，并且 NONVOTE×NONPR_IN 的回归系数（0.0350）
在 1%水平上显著为正，同时，非国有董事治理积极性（NONVOTE_R）与国有
企业资产保值增值（MAVA_EVA）为正相关关系，并且 NONVOTE_R×NON-
PR_IN 的回归系数（0.1260）在 5%水平上显著为正。由于 NONPR_IN 为正向
指标，因此，以上均说明相较于不具有内部协同性，具有内部协同性会强化非国
有董事治理积极性对国有企业资产保值增值的促进效应，支持了假设 H5-5。其
二，关于外部协同性的调节效应，如表 5-6 列（3）和列（4）所示，非国有董
事治理积极性（NONVOTE）与国有企业资产保值增值（MAVA_EVA）为正相关
关系，并且 NONVOTE×NONPR_OUT 的回归系数显著为正，同时，非国有董事
治理积极性（NONVOTE_R）与国有企业资产保值增值（MAVA_EVA）为正相
关关系，并且 NONVOTE_R×NONPR_OUT 的回归系数显著为正。由于 NONPR_
OUT 为正向指标，因此，以上均说明相较于不具有外部协同性，具有外部协同性
会强化非国有董事治理积极性对国有企业资产保值增值的促进效应，支持了假设
H5-6。

表5-6 治理权力协同的调节效应检验结果

变量	(1)	(2)	(3)	(4)
	MAVA_EVA			
	NONPR_IN		NONPR_OUT	
NONPR	0.0183* (1.8299)	0.0158 (1.5166)	0.0123 (1.3931)	0.0105 (1.1570)
NONVOTE	0.0061 (0.7802)		0.0053 (0.6864)	
NONVOTE×NONPR	0.0350*** (3.1885)		0.0373*** (3.4270)	
NONVOTE_R		0.0399 (0.9482)		0.0369 (0.8853)
NONVOTE_R×NONPR		0.1260** (2.0395)		0.1380** (2.2701)
SIZE	0.0100*** (4.4113)	0.0094*** (4.1040)	0.0100*** (4.3852)	0.0093*** (4.0632)

续表

变量	（1）	（2）	（3）	（4）
	MAVA_EVA			
	NONPR_IN		NONPR_OUT	
LEV	−0.1290 ***	−0.1270 ***	−0.1280 ***	−0.1270 ***
	（−10.6833）	（−10.5171）	（−10.6377）	（−10.4800）
GROWTH	0.0249 ***	0.0257 ***	0.0250 ***	0.0257 ***
	（6.7205）	（6.8761）	（6.7244）	（6.8834）
FATA	−0.0854 ***	−0.0878 ***	−0.0864 ***	−0.0886 ***
	（−6.1343）	（−6.2692）	（−6.2112）	（−6.3230）
SHR1	0.0679 ***	0.0656 ***	0.0677 ***	0.0654 ***
	（4.3123）	（4.1285）	（4.2969）	（4.1102）
PAY	0.0220 ***	0.0231 ***	0.0219 ***	0.0231 ***
	（7.0262）	（7.3380）	（6.9846）	（7.3186）
MANAGE	0.2030 ***	0.1940 ***	0.2010 ***	0.1920 ***
	（4.6194）	（4.3680）	（4.5783）	（4.3214）
OUT	−0.0861 *	−0.0725	−0.0850 *	−0.0715
	（−1.9612）	（−1.6425）	（−1.9344）	（−1.6183）
Constant	−0.4390 ***	−0.4460 ***	−0.4370 ***	−0.4450 ***
	（−8.8669）	（−8.9709）	（−8.8436）	（−8.9476）
YEAR	YES	YES	YES	YES
IND	YES	YES	YES	YES
样本量	999	999	999	999
Within_R^2	0.4705	0.4626	0.4698	0.4620

注：*** 、** 和 * 分别表示在 1%、5% 和 10% 水平上显著，括号内为 T 值。

资料来源：笔者采用 Stata 软件计算整理而得。

四、稳健性检验

1. 倾向得分匹配（PSM）

考虑到非国有董事投非赞成票行为属于稀有事件，样本的数据分布结构存在不均衡的情况，因此，参考 Stiebale（2016）以及郑志刚等（2019）的稳健性检验思路，本书进一步使用倾向得分匹配方法进行检验。与第四章第三节相同，本书以匹配筛选后的样本采用模型（5-1）重新检验了各治理权力特征对非国有董事治理积极性与国有企业资产保值增值关系的调节效应。如表 5-7 倾向得分匹配样本回归结果一的列（1）至列（6）所示，非国有董事治理积极性（NON-VOTE）与国有企业资产保值增值（MAVA_EVA）均为正相关关系，并且 NON-VOTE×NONPR 的回归系数均显著为正；与此同时，如表 5-8 倾向得分匹配样本回归结果二的列（1）至列（6）所示，非国有董事治理积极性（NONVOTE_R）与国有企业资产保值增值（MAVA_EVA）均为正相关关系，并且 NONVOTE_R×NONPR 的回归系数同样均显著为正。上述回归结果依旧支持了前文结论。

表 5-7　倾向得分匹配样本回归结果一

变量	（1）	（2）	（3）	（4）	（5）	（6）
	MAVA_EVA					
NONPR	0.0417 (1.6413)	0.0329 (1.5694)	−0.0012 (−0.1940)	0.0010 (0.8257)	0.0419*** (3.4209)	0.0334*** (2.8965)
NONVOTE	0.0040 (0.4367)	0.0033 (0.2855)	0.0092 (0.7450)	0.0073 (0.9240)	0.0099 (1.1671)	0.0085 (1.0168)
NONVOTE× NONPR_STK	0.1000** (2.5588)					
NONVOTE× NONPR_CTL		0.0729* (1.9301)				
NONVOTE× NONPR_CON			0.0269*** (2.8855)			
NONVOTE× NONPR_EQU				0.0052*** (2.6914)		
NONVOTE× NONPR_IN					0.0256** (2.1908)	
NONVOTE× NONPR_OUT						0.0283** (2.4155)
SIZE	0.0005 (0.1225)	0.0026 (0.6895)	−0.0005 (−0.1194)	0.0002 (0.0551)	0.0023 (0.6325)	0.0026 (0.7026)
LEV	−0.0618*** (−3.3054)	−0.0686*** (−3.6392)	−0.0668*** (−3.5564)	−0.0655*** (−3.5078)	−0.0742*** (−4.0264)	−0.0734*** (−3.9618)
GROWTH	0.0257*** (4.1241)	0.0271*** (4.3041)	0.0276*** (4.4088)	0.0263*** (4.2182)	0.0254*** (4.1554)	0.0258*** (4.2006)

续表

变量	(1)	(2)	(3)	(4)	(5)	(6)
	MAVA_EVA					
FATA	-0.1020***	-0.0924***	-0.0974***	-0.0961***	-0.0975***	-0.0982***
	(-4.3033)	(-3.7820)	(-4.0381)	(-4.0034)	(-4.1726)	(-4.1800)
SHR1	0.0563**	0.0674***	0.0576**	0.0566**	0.0713***	0.0716***
	(2.3479)	(2.7826)	(2.3607)	(2.3397)	(3.0296)	(3.0263)
PAY	0.0221***	0.0235***	0.0263***	0.0251***	0.0234***	0.0234***
	(4.5784)	(4.8607)	(5.4297)	(5.2452)	(4.9881)	(4.9534)
MANAGE	0.1070*	0.1330**	0.1290**	0.1400**	0.1410**	0.1390**
	(1.6676)	(2.0755)	(2.0610)	(2.2403)	(2.3109)	(2.2631)
OUT	-0.0089	-0.0364	-0.0054	-0.0273	-0.0535	-0.0417
	(-0.1277)	(-0.5102)	(-0.0762)	(-0.3894)	(-0.7694)	(-0.5942)
Constant	-0.3390***	-0.3910***	-0.3650***	-0.3600***	-0.3480***	-0.3590***
	(-4.7594)	(-5.3773)	(-5.0754)	(-4.9775)	(-4.9796)	(-5.1000)
YEAR	YES	YES	YES	YES	YES	YES
IND	YES	YES	YES	YES	YES	YES
样本量	390	390	390	390	390	390
Within_R^2	0.4980	0.4833	0.4857	0.4931	0.5122	0.5070

注：***、**和*分别表示在1%、5%和10%水平上显著，括号内为T值。

资料来源：笔者采用Stata软件计算整理而得。

表5-8　倾向得分匹配样本回归结果二

变量	(1)	(2)	(3)	(4)	(5)	(6)
	MAVA_EVA					
NONPR	0.0340	0.0406**	-0.0007	0.0010	0.0379***	0.0296**
	(1.4305)	(2.0536)	(-0.1184)	(0.8710)	(2.9728)	(2.4767)
NONVOTE_R	0.0613	0.0506	0.0458	0.0148	0.0490	0.0438
	(1.0294)	(0.9876)	(0.8510)	(0.3519)	(1.1875)	(1.0649)
NONVOTE_R× NONPR_STK	0.4220***					
	(2.9039)					
NONVOTE_R× NONPR_CTL		0.2660*				
		(1.6676)				
NONVOTE_R× NONPR_CON			0.1030***			
			(3.4274)			

续表

变量	(1)	(2)	(3)	(4)	(5)	(6)
	MAVA_EVA					
NONVOTE_R× NONPR_EQU				0.0180 ***		
				(2.8038)		
NONVOTE_R× NONPR_IN					0.0998 **	
					(2.0536)	
NONVOTE_R× NONPR_OUT						0.1150 *
						(1.8438)
SIZE	0.0012	0.0021	0.0007	0.0003	0.0015	0.0016
	(0.3115)	(0.5343)	(0.1857)	(0.0737)	(0.4018)	(0.4286)
LEV	−0.0675 ***	−0.0699 ***	−0.0734 ***	−0.0701 ***	−0.0738 ***	−0.0731 ***
	(−3.5807)	(−3.7068)	(−3.9155)	(−3.7480)	(−3.9591)	(−3.9080)
GROWTH	0.0266 ***	0.0297 ***	0.0284 ***	0.0284 ***	0.0278 ***	0.0282 ***
	(4.2102)	(4.7254)	(4.5339)	(4.5368)	(4.4868)	(4.5356)
FATA	−0.1030 ***	−0.0923 ***	−0.0932 ***	−0.0964 ***	−0.0953 ***	−0.0954 ***
	(−4.3001)	(−3.7750)	(−3.8668)	(−4.0053)	(−4.0035)	(−3.9886)
SHR1	0.0549 **	0.0621 **	0.0544 **	0.0544 **	0.0646 ***	0.0647 ***
	(2.2778)	(2.5503)	(2.2389)	(2.2404)	(2.7079)	(2.6982)
PAY	0.0228 ***	0.0248 ***	0.0252 ***	0.0258 ***	0.0250 ***	0.0251 ***
	(4.6685)	(5.1235)	(5.2596)	(5.3761)	(5.2764)	(5.2715)
MANAGE	0.1030	0.1290 **	0.1200 *	0.1270 **	0.1340 **	0.1300 **
	(1.6081)	(1.9982)	(1.9177)	(2.0035)	(2.1530)	(2.0948)
OUT	−0.0035	−0.0190	−0.0141	−0.0181	−0.0256	−0.0152
	(−0.0501)	(−0.2661)	(−0.2000)	(−0.2568)	(−0.3661)	(−0.2149)
Constant	−0.3520 ***	−0.3980 ***	−0.3640 ***	−0.3660 ***	−0.3640 ***	−0.3730 ***
	(−4.9117)	(−5.4528)	(−5.0770)	(−5.0545)	(−5.1417)	(−5.2418)
YEAR	YES	YES	YES	YES	YES	YES
IND	YES	YES	YES	YES	YES	YES
样本量	390	390	390	390	390	390
Within_R^2	0.4910	0.4828	0.4899	0.4894	0.5001	0.4957

注：***、**和*分别表示在1%、5%和10%水平上显著，括号内为T值。

资料来源：笔者采用Stata软件计算整理而得。

2. 删除特殊样本

考虑到2020年中国受到新冠疫情的影响，国有上市公司的正常经营管理秩序受到冲击，国有企业资产保值增值情况也可能存在一定程度波动，从而可能影响本书的研究结果的可靠性。因此，为排除这一潜在影响，与第四章第三节相同，本书将 2020 年样本删除后，采用模型（5-1）重新检验了各治理权力特征对非国有董事治理积极性与国有企业资产保值增值关系的调节效应。如表 5-9 剔除特殊样本回归结果一的列（1）至列（6）所示，非国有董事治理积极性（NON-VOTE）与国有企业资产保值增值（MAVA_EVA）均为正相关关系，并且 NON-VOTE×NONPR 的回归系数均显著为正；与此同时，如表 5-10 剔除特殊样本回归结果二的列（1）至列（6）所示，非国有董事治理积极性（NONVOTE_R）与国有企业资产保值增值（MAVA_EVA）均为正相关关系，并且 NONVOTE_R×NONPR 的回归系数同样均显著为正。上述回归结果依旧支持了前文结论。

表 5-9　剔除特殊样本回归结果一

变量	（1）	（2）	（3）	（4）	（5）	（6）
	MAVA_EVA					
NONPR	0.0436** (2.4896)	0.0294* (1.9620)	0.0026 (0.5978)	0.0015* (1.7439)	0.0165 (1.6057)	0.0122 (1.2944)
NONVOTE	0.0091 (1.0386)	0.0010 (0.0875)	0.0001 (0.0427)	0.0124* (1.6498)	0.0051 (0.6553)	0.0043 (0.5596)
NONVOTE× NONPR_STK	0.0741** (2.0589)					
NONVOTE× NONPR_CTL		0.1010** (2.5674)				
NONVOTE× NONPR_CON			0.0193** (2.4498)			
NONVOTE× NONPR_EQU				0.0035** (2.0495)		
NONVOTE× NONPR_IN					0.0373*** (3.2575)	
NONVOTE× NONPR_OUT						0.0390*** (3.4328)
SIZE	0.0070*** (2.8783)	0.0083*** (3.3676)	0.0068*** (2.7829)	0.0075*** (3.0404)	0.0084*** (3.4402)	0.0082*** (3.3733)
LEV	-0.1050*** (-8.0686)	-0.1070*** (-8.2824)	-0.1060*** (-8.1407)	-0.1070*** (-8.2637)	-0.1130*** (-8.7239)	-0.1130*** (-8.6923)

续表

变量	(1)	(2)	(3)	(4)	(5)	(6)
	MAVA_EVA					
GROWTH	0.0212*** (5.0495)	0.0222*** (5.2910)	0.0218*** (5.1491)	0.0217*** (5.1497)	0.0213*** (5.0741)	0.0213*** (5.0690)
FATA	-0.0886*** (-5.9900)	-0.0831*** (-5.5675)	-0.0865*** (-5.7992)	-0.0838*** (-5.6081)	-0.0847*** (-5.7095)	-0.0857*** (-5.7781)
SHR1	0.0790*** (4.7559)	0.0777*** (4.7042)	0.0751*** (4.5155)	0.0696*** (4.1507)	0.0791*** (4.8033)	0.0786*** (4.7748)
PAY	0.0214*** (6.4109)	0.0224*** (6.7083)	0.0235*** (7.0455)	0.0231*** (6.9607)	0.0220*** (6.6239)	0.0219*** (6.6049)
MANAGE	0.1650*** (3.6019)	0.1890*** (4.1499)	0.1940*** (4.3564)	0.2070*** (4.6210)	0.2060*** (4.6418)	0.2040*** (4.6026)
OUT	-0.1080** (-2.2853)	-0.1270*** (-2.6329)	-0.1020** (-2.1497)	-0.1190** (-2.4870)	-0.1180** (-2.4943)	-0.1180** (-2.4930)
Constant	-0.4010*** (-7.6041)	-0.4340*** (-8.2496)	-0.4190*** (-7.9516)	-0.4220*** (-7.9841)	-0.4090*** (-7.7716)	-0.4050*** (-7.7022)
YEAR	YES	YES	YES	YES	YES	YES
IND	YES	YES	YES	YES	YES	YES
样本量	859	859	859	859	859	859
Within_R^2	0.4378	0.4357	0.4319	0.4339	0.4385	0.4379

注：***、**和*分别表示在1%、5%和10%水平上显著，括号内为 T 值。

资料来源：笔者采用 Stata 软件计算整理而得。

表 5-10　剔除特殊样本回归结果二

变量	(1)	(2)	(3)	(4)	(5)	(6)
	MAVA_EVA					
NONPR	0.0399** (2.3402)	0.0337** (2.3126)	0.0027 (0.6520)	0.0014* (1.7116)	0.0103 (0.9459)	0.0307 (0.7077)
NONVOTE_R	0.0169 (0.2411)	0.0354 (0.6750)	0.0010 (0.0174)	0.0593 (1.3193)	0.0328 (0.7545)	0.0307 (0.7077)
NONVOTE_R× NONPR_STK	0.2140** (2.2206)					
NONVOTE_R× NONPR_CTL		0.4010** (2.2607)				

续表

变量	(1)	(2)	(3)	(4)	(5)	(6)
	MAVA_EVA					
NONVOTE_R× NONPR_CON			0.0698**			
			(2.4088)			
NONVOTE_R× NONPR_EQU				0.0096**		
				(2.2206)		
NONVOTE_R× NONPR_IN					0.1650**	
					(2.5563)	
NONVOTE_R× NONPR_OUT						0.1730***
						(2.7312)
SIZE	0.0071***	0.0080***	0.0070***	0.0074***	0.0074***	0.0072***
	(2.8830)	(3.2174)	(2.8611)	(2.9984)	(3.0075)	(2.9608)
LEV	-0.1070***	-0.1080***	-0.1090***	-0.1090***	-0.1110***	-0.1100***
	(-8.1454)	(-8.3350)	(-8.3475)	(-8.3287)	(-8.4692)	(-8.4483)
GROWTH	0.0212***	0.0221***	0.0217***	0.0214***	0.0214***	0.0214***
	(5.0220)	(5.2660)	(5.1333)	(5.0706)	(5.0888)	(5.0873)
FATA	-0.0920***	-0.0859***	-0.0893***	-0.0880***	-0.0888***	-0.0893***
	(-6.2010)	(-5.7623)	(-5.9938)	(-5.8959)	(-5.9728)	(-6.0141)
SHR1	0.0781***	0.0753***	0.0728***	0.0690***	0.0762***	0.0758***
	(4.6856)	(4.5428)	(4.3721)	(4.0968)	(4.5937)	(4.5732)
PAY	0.0222***	0.0229***	0.0234***	0.0235***	0.0232***	0.0232***
	(6.6086)	(6.8798)	(7.0507)	(7.0612)	(6.9994)	(6.9914)
MANAGE	0.1660***	0.1850***	0.1890***	0.2000***	0.1940***	0.1920***
	(3.6042)	(4.0447)	(4.2181)	(4.4443)	(4.3252)	(4.2953)
OUT	-0.1020**	-0.1230**	-0.1020**	-0.1110**	-0.1060**	-0.1060**
	(-2.1501)	(-2.5589)	(-2.1334)	(-2.3231)	(-2.2211)	(-2.2206)
Constant	-0.4050***	-0.4290***	-0.4160***	-0.4210***	-0.4130***	-0.4100***
	(-7.6510)	(-8.1464)	(-7.8732)	(-7.9243)	(-7.8250)	(-7.7845)
YEAR	YES	YES	YES	YES	YES	YES
IND	YES	YES	YES	YES	YES	YES
样本量	859	859	859	859	859	859
Within_R^2	0.4319	0.4350	0.4310	0.4312	0.4332	0.4330

注：***、**和*分别表示在1%、5%和10%水平上显著，括号内为T值。

资料来源：笔者采用Stata软件计算整理而得。

3. 替换被解释变量的测度指标

与第四章第三节相同，本书以剔除本期资本金变化影响的保值增值率（MA-VA_RATIO）作为代理指标，采用模型（5-1）重新检验了各治理权力特征对基本关系的调节效应。如表5-11替换被解释变量回归结果一的列（1）至列（6）所示，非国有董事治理积极性（NONVOTE）与国有企业资产保值增值（MA-VA_EVA）均为正相关关系，并且NONVOTE×NONPR的回归系数均显著为正；与此同时，如表5-12替换被解释变量回归结果二的列（1）至列（6）所示，非国有董事治理积极性（NONVOTE_R）与国有企业资产保值增值（MAVA_EVA）均为显著正相关关系，并且NONVOTE_R×NONPR的回归系数同样均显著为正。上述回归结果依旧支持了前文结论。

表5-11　替换被解释变量回归结果一

变量	(1)	(2)	(3)	(4)	(5)	(6)
	MAVA_RATIO					
NONPR	0.0324 (0.3771)	0.1890** (2.5016)	0.0023 (0.1039)	0.0053 (1.2629)	0.1770*** (3.3220)	0.0924** (1.9645)
NONVOTE	0.0508 (1.1320)	0.0007 (0.0117)	0.0145 (0.2549)	0.0252 (0.6637)	0.0804* (1.9373)	0.0634 (1.5439)
NONVOTE× NONPR_STK	0.1160* (1.6704)					
NONVOTE× NONPR_CTL		0.2860* (1.9480)				
NONVOTE× NONPR_CON			0.0474* (1.9480)			
NONVOTE× NONPR_EQU				0.0153* (1.7464)		
NONVOTE× NONPR_IN					0.0162** (2.1715)	
NONVOTE× NONPR_OUT						0.0172* (1.6704)
SIZE	0.0505*** (4.1477)	0.0569*** (4.6482)	0.0498*** (4.0862)	0.0511*** (4.1945)	0.0522*** (4.3117)	0.0514*** (4.2290)

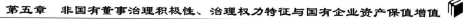
续表

变量	（1）	（2）	（3）	（4）	（5）	（6）
	MAVA_RATIO					
LEV	−0.3620 ***	−0.3680 ***	−0.3620 ***	−0.3640 ***	−0.3740 ***	−0.3710 ***
	（−5.6077）	（−5.7627）	（−5.6341）	（−5.6843）	（−5.8414）	（−5.7702）
GROWTH	0.1570 ***	0.1560 ***	0.1570 ***	0.1540 ***	0.1570 ***	0.1570 ***
	（7.8825）	（7.8998）	（7.8830）	（7.7947）	（7.9366）	（7.8956）
FATA	−0.1240 *	−0.0947	−0.1190	−0.1040	−0.1070	−0.1180
	（−1.6704）	（−1.2730）	（−1.6016）	（−1.3976）	（−1.4389）	（−1.5808）
SHR1	−0.1370	−0.1420 *	−0.1410 *	−0.1660 *	−0.1230	−0.1270
	（−1.6049）	（−1.6915）	（−1.6712）	（−1.9480）	（−1.4710）	（−1.5127）
PAY	0.0135	0.0102	0.0161	0.0150	0.0159	0.0149
	（0.7983）	（0.6067）	（0.9598）	（0.9022）	（0.9525）	（0.8909）
MANAGE	0.8440 ***	0.7680 ***	0.8600 ***	0.8880 ***	0.9140 ***	0.8900 ***
	（3.5036）	（3.2084）	（3.6563）	（3.7687）	（3.9082）	（3.7942）
OUT	0.4210 *	0.2910	0.4320 *	0.3770	0.4160 *	0.4220 *
	（1.7913）	（1.2282）	（1.8400）	（1.6048）	（1.7768）	（1.7963）
Constant	−0.0354	−0.1120	−0.0452	−0.0445	−0.0660	−0.0446
	（−0.1334）	（−0.4259）	（−0.1711）	（−0.1679）	（−0.2503）	（−0.1688）
YEAR	YES	YES	YES	YES	YES	YES
IND	YES	YES	YES	YES	YES	YES
样本量	999	999	999	999	999	999
Within_R^2	0.1860	0.1964	0.1866	0.1924	0.1959	0.1897

注：***、**和*分别表示在1%、5%和10%水平上显著，括号内为T值。

资料来源：笔者采用Stata软件计算整理而得。

表5-12　替换被解释变量回归结果二

变量	（1）	（2）	（3）	（4）	（5）	（6）
	MAVA_RATIO					
NONPR	0.0187	0.229 ***	0.0141	0.0073 *	0.2020 ***	0.1080 **
	（0.2251）	（3.1401）	（0.6770）	（1.7976）	（3.6860）	（2.2530）
NONVOTE_R	0.5590 *	0.5750 **	0.9000 ***	0.5990 ***	0.9050 ***	0.8260 ***
	（1.7706）	（2.1715）	（3.2153）	（2.6890）	（4.0905）	（3.7521）
NONVOTE_R× NONPR_STK	0.1040 *					
	（1.7302）					

续表

变量	(1)	(2)	(3)	(4)	(5)	(6)
	MAVA_RATIO					
NONVOTE_R× NONPR_CTL		0.1360* (1.7706)				
NONVOTE_R× NONPR_CON			0.1960* (1.7302)			
NONVOTE_R× NONPR_EQU				0.0104* (1.8921)		
NONVOTE_R× NONPR_IN					0.7980** (2.4551)	
NONVOTE_R× NONPR_OUT						0.5640* (1.7556)
SIZE	0.0495*** (4.0839)	0.0558*** (4.5700)	0.0495*** (4.0934)	0.0516*** (4.2375)	0.0511*** (4.2441)	0.0494*** (4.0879)
LEV	-0.3640*** (-5.6646)	-0.3660*** (-5.7551)	-0.3610*** (-5.6538)	-0.3660*** (-5.7270)	-0.3630*** (-5.7091)	-0.3590*** (-5.6199)
GROWTH	0.1600*** (8.0642)	0.1600*** (8.1204)	0.1620*** (8.1620)	0.1590*** (8.0126)	0.1600*** (8.1501)	0.1600*** (8.1202)
FATA	-0.1240* (-1.6719)	-0.0972 (-1.3125)	-0.1290* (-1.7395)	-0.1120 (-1.5077)	-0.1190 (-1.6136)	-0.1280* (-1.7302)
SHR1	-0.1530* (-1.8018)	-0.1600* (-1.9147)	-0.1510* (-1.7904)	-0.1750** (-2.0624)	-0.1320 (-1.5844)	-0.1380 (-1.6413)
PAY	0.0172 (1.0235)	0.0115 (0.6885)	0.0168 (1.0085)	0.0170 (1.0244)	0.0190 (1.1498)	0.0185 (1.1134)
MANAGE	0.8640*** (3.6008)	0.7070*** (2.9589)	0.8660*** (3.6962)	0.8990*** (3.8101)	0.9360*** (4.0105)	0.8980*** (3.8354)
OUT	0.4420* (1.8921)	0.3000 (1.2711)	0.4440* (1.9063)	0.3960* (1.6905)	0.4640** (2.0024)	0.4710** (2.0204)
Constant	-0.0547 (-0.2070)	-0.1150 (-0.4385)	-0.0710 (-0.2699)	-0.0872 (-0.3300)	-0.0977 (-0.3737)	-0.0732 (-0.2787)
YEAR	YES	YES	YES	YES	YES	YES
IND	YES	YES	YES	YES	YES	YES
样本量	999	999	999	999	999	999
Within_R^2	0.1927	0.2021	0.1943	0.1956	0.2051	0.1978

注：***、**和*分别表示在1%、5%和10%水平上显著，括号内为T值。

资料来源：笔者采用Stata软件计算整理而得。

第四节 小结

本章基于产权理论、信息不对称理论以及委托代理理论，首先通过回答非国有董事治理权力从何而来、如何规划以及是何表现三个问题，从治理权力基础、治理权力配置以及治理权力协同三方面科学系统地刻画了治理权力特征，然后分析了治理权力特征对非国有董事治理积极性与国有企业资产保值增值关系的调节效应，并以2013~2020年中国沪深A股商业类国有上市公司为研究样本，实证研究发现：其一，随着股权混合度的增加，非国有董事治理积极性对国有企业资产保值增值的促进效应会提高；其二，随着控制权制衡度的增加，非国有董事治理积极性对国有企业资产保值增值的促进效应会提高；其三，随着配置集中度的提高，非国有董事治理积极性对国有企业资产保值增值的促进效应会强化；其四，随着配置对等度的提高，非国有董事治理积极性对国有企业资产保值增值的促进效应会强化；其五，相较于不具有内部协同性，具有内部协同性会强化非国有董事治理积极性对国有企业资产保值增值的促进效应；其六，相较于不具有外部协同性，具有外部协同性会强化非国有董事治理积极性对国有企业资产保值增值的促进效应。此外，经过多项稳健性检验后，结果依旧支持上述结论，从而增强了本书研究结论的可靠性。

本章研究结论展现了非国有董事通过"用手投票"参与混改国有企业治理的内在逻辑，有助于在国有企业混合所有制改革背景下，形成股权结构、控制权结构以及委派人员治理行为为一体的理论分析框架，丰富了非国有股东参与国企混改以及董事投票行为的经济后果研究。同时，研究结论不仅能够为非国有股东在参与国有企业混合所有制改革过程中，依据其股权和控制权地位，维护其自身利益和正当收益提供经验证据，同时也能够为混合所有制企业内非国有董事合理使用"用手投票"的权力，缓解国有企业所有者缺位和内部人控制等诸多弊病，充分发挥决策与制衡职能提供智力支持。

第六章　非国有董事治理积极性、外部治理机制与国有企业资产保值增值

　　企业并非独立的个体，任何企业活动均在特定的制度环境中进行，外部治理机制与公司内部治理机制存在互动影响。因此，非国有董事治理积极性治理效应的发挥还有赖于混合所有制企业的外部治理环境。根据第三章的讨论，本书依据所属主体从政府和市场两方面划分外部治理机制，并确定了具体的外部治理机制，进一步地，外部治理机制与公司内部治理机制存在互动影响，这体现在信息效应、压力效应、声誉效应以及激励效应等多方面，这为本章深入分析非国有董事治理积极性、外部治理机制与国有企业资产保值增值间的关系提供了研究基础，此外，探讨外部治理机制的调节效应能够使研究结论更契合实际环境，更具有实践指导意义。基于此，本章从政府和市场两方面出发，分析论证国资监管和国家审计等政府治理机制对基本关系的调节效应，以及社会审计、产品市场竞争、媒体关注和分析师关注等市场治理机制对基本关系的调节效应，以期形成外部治理机制与混改国企内部治理机制——非国有董事治理积极性为一体的理论分析框架。

第一节　理论分析与假设提出

一、国资监管对基本关系的调节效应

　　国资监管是国有企业外部治理机制的重要组成部分。国家基于产权关系依法

履行出资人职能对国有资产进行监管（Jonathan & Koppell，2007）。在相当长的一段时期，国资监管坚持管人管事管资产相结合的方式，对国有企业经营管理活动进行全面监管，而在新时代背景下，国资监管向以管资本为主进行转变，这将从以下两方面影响非国有董事"用手投票"的治理效应：

一方面，当前以管资本为主的国资监管能够减少政府干预，确立国有企业独立市场主体地位。从管人管事管资产向以管资本为主的国资监管转变，有利于明晰国资监管部门的职能定位，规范出资人主体资格，提升履行出资人职责和国有资本运作的能力（赵斯昕，2020；徐文进，2020），进而减少政府对国有企业的干预，落实了国有企业法人财产权和经营自主权，此时，混改国企的董事会决策将主要以经济目标和效益最大化展开，强化了国有企业自主经营和自我负责，确立国有企业独立市场主体地位（吴秋生和独正元，2019），从而增强国有企业推进混合所有制改革的实际效果，减轻国有企业非经济目标和非市场化机制对非国有股东及其委派董事的限制，为非国有股东及其委派董事积极参与混改国有企业治理创造较大空间，提高了非国有董事的话语权和影响力，最终增强"用手投票"的资产保值增值效应。另一方面，当前以管资本为主的国资监管能够对非国有董事积极参与混改国有企业治理形成激励。过去管人管事管资产的国资监管侧重于业务经营，具有行政化管理倾向（郑志刚，2015），不利于增强国有企业自主性，而当前以管资本为主的国资监管着力于资本运营，其去行政化的监管方式，能够充分发挥市场机制，并对非国有股东及其委派董事参与混改国有企业治理形成激励效应，提升非国有资本参与混改、非国有董事参与治理的意愿。因此，从过去管人管事管资产向当前以管资本为主的国资监管转变遵循了市场经济规律和企业发展规律，在缓解履行出资人职责的国资委与国有企业管理层之间的代理问题的同时（卜君和孙光国，2021），也放大了非国有董事在董事会决策过程中所发出的差异化、市场化、专业化声音，有效监督与修正国有企业的管理活动和决策行为，最终增强"用手投票"的资产保值增值效应。基于上述分析，本书提出研究假设H6-1：

H6-1：相较于过去管人管事管资产的国资监管，当前以管资本为主的国资监管更能强化非国有董事治理积极性对国有企业资产保值增值的促进效应。

二、国家审计对基本关系的调节效应

国家审计是国企外部治理机制的重要组成部分。国家审计机关受人民委托依法依规对国企进行审计，监督公共资金、国有资产、国有资源和领导干部履行经济责任情况（刘家义，2012），具有很强的独立性、专业性、权威性和客观性，发挥着"经济体检"功能（池国华等，2019）。国家审计主要从以下两方面影响非国有董事"用手投票"的治理效应：

一方面，国家审计介入后能够提升国企混改的实施效果，为非国有董事发挥其治理作用提供保障。国家审计机关就混合所有制改革的贯彻落实情况与实施效果对国有企业进行依法监督，能够揭示阻滞国有企业进行混改的"痼疾"，发现国有企业在制定和实施混改方案过程中存在的具体问题，及时督促国有企业就相关问题进行有效整改（郭檬楠和吴秋生，2019），进而降低国企混改进程中面临的诸多风险，避免类似问题在各国有企业间重复发生、浪费公共资源，从而增强国有企业推进混合所有制改革的实际效果，为非国有股东及其委派董事积极参与混改国有企业治理提供保障，提高了非国有董事的话语权和影响力，凸显了其提升国有企业决策有效性和信息透明度的治理作用，最终增强"用手投票"的资产保值增值效应。另一方面，国家审计介入后能够实现与非国有股东及其委派董事的协同互动，缓解国有企业所有者缺位与内部人控制现象。首先，非国有股东及其委派董事不仅能够主动向审计机关提供国企真实、可靠的财会数据等资料，协助审计机关确定审计重点（张立民等，2015），如果问题严重，还可以促使审计机关增加对该国有企业的审计广度、深度和力度，避免审计机关由于国有企业高管合谋、难以取得充分有效数据等情况而发生的审计失效，从而提高审计的效率与效果。其次，在国家审计介入的过程中，审计机关通过落实国有企业在经营管理过程中存在的内部控制、财会核算和廉洁从业等方面的问题，能够大大抑制国有企业内部人的机会主义行为（陈宋生等，2014），缓解内部人控制对非国有股东及其委派董事的限制和不利影响，从而有助于发挥非国有董事的治理作用。最后，上述协同机制不仅提高了国家审计效力，而且能够调动非国有董事积极参与混改国有企业治理的主观能动性，最终增强"用手投票"的资产保值增值效应。基于上述分析，本书提出研究假设 H6-2：

H6-2：相较于未受到国家审计，受到国家审计的国有企业，其非国有董事

治理积极性对国有企业资产保值增值的促进效应更强。

三、社会审计对基本关系的调节效应

社会审计作为国有企业外部治理机制的重要组成部分，是市场中一种重要制度安排（Francis & Yu，2009）。对比非国际"四大"，国际"四大"会计师事务所可以提供更高的审计质量，获得更高的市场认同度，也更能显著抑制企业管理层的各类操纵行为（Teoh & Wong，1993）。社会审计主要从以下两方面影响非国有董事"用手投票"的治理效应：

一方面，社会审计能够发挥信息效应，降低国有企业的信息不对称程度，缓解委托代理问题。相较于受到非国际"四大"社会审计，受到国际"四大"社会审计不仅能够显著提高发现和纠正国有企业内部人应计盈余管理或者真实盈余管理行为的力度，提升混改国企的会计信息质量和内部控制质量（马可哪呐等，2016），缓解国有企业的信息不对称程度，从而降低非国有董事信息鉴证和甄别的成本，提高非国有董事理性"用手投票"的时机选择与价值判断，还能够抑制高管的腐败行为（王彦超和赵璨，2016），减轻国有企业代理成本，提高公司治理水平，强化非国有董事对国有企业内部人的监督制衡作用，进而扩大非国有董事通过"用手投票"发挥治理效应，最终增强"用手投票"的资产保值增值效应。另一方面，社会审计介入后通过审计师与非国有股东及其委派董事的协同互动，可以缓解国有企业所有者缺位与内部人控制现象。在社会审计监督介入过程中，审计师和非国有董事之间并非相互隔绝，而是存在治理互动和社会联系（张宏亮等，2019），二者通过审计委员会等董事会组织机构可以促进二者的信息交流和相互协作，既能通过非国有董事提供的内部信息准确识别审计风险、确定审计重点以及形成审计方案而提高社会审计的质量和效率（Fan & Wong，2005），又能通过社会审计对国有企业的内部控制缺陷、腐败行为、盈余操纵等活动的治理而有利于非国有董事更好地对国有企业内部人进行监督制衡（王丽娟和耿怡雯，2019），有助于非国有董事通过"用手投票"发挥治理效应，最终增强"用手投票"的资产保值增值效应。基于上述分析，本书提出研究假设H6-3：

H6-3：相较于受到非国际"四大"社会审计，受到国际"四大"社会审计的国有企业，其非国有董事治理积极性对国有企业资产保值增值的促进效应

更强。

四、产品市场竞争对基本关系的调节效应

在社会主义市场经济之下，产品市场竞争作为国有企业外部治理机制的重要组成部分，是市场中一种重要制度安排（贾生华和陈文强，2015）。产品市场竞争内含的对标和淘汰效应（Vicker，1995），能够减轻国有企业代理成本，提升信息透明度，解决国有企业预算软约束问题，从而有效降低包括非国有股东在内的利益相关者的监督成本。产品市场竞争主要从以下两方面影响非国有董事"用手投票"的治理效应：

一方面，产品市场竞争能够发挥信息效应和压力效应，降低国有企业的信息不对称程度，缓解国有企业内部人控制和委托代理问题。市场竞争机制存在信息传递能力与价格信号功能（Giroud & Mueller，2010），产品市场竞争可以传递产品市场上其他主体的价格和数量信息，有助于改变国有企业的成本收益规划，使国有企业内部人作出各项投资和经营决策与包括非国有股东在内的全体股东的利益趋于一致（陈晓珊，2017），与此同时，产品市场竞争能够显著抑制国有企业内部人针对未达资产保值增值等考核目标的辩护行为（王东清和刘艳辉，2016），并且市场压力能够减轻国有企业内部人控制和委托代理问题，更有利于非国有董事通过"用手投票"发挥治理效应，最终增强"用手投票"的资产保值增值效应。另一方面，产品市场竞争能够发挥激励效应，收紧预算软约束程度，确立国有企业独立市场主体地位。产品市场竞争可以产生一种非合同式的"隐含激励"，通过业绩标杆的方式为股东传递高管的努力程度与经营能力的信息，解决信息不对称下的国有企业高管激励问题，加强了混改国企内部的薪酬绩效敏感性（Cuñat & Guadalupe，2005），这有利于非国有董事基于市场化原则来与国有董事进行讨论和沟通，从而达成更为科学、完善的董事会议案。进一步地，产品市场竞争较为激烈的外部环境能够促使混改国企形成市场化、专业化的运作机制和管理模式（王爱群和刘耀娜，2021），收紧国有企业的预算软约束程度，激发国有企业治理层和管理层的行动效率和市场化程度，进而放大了非国有董事"用手投票"的治理效应，最终增强"用手投票"的资产保值增值效应。基于上述分析，本书提出研究假设 H6-4：

H6-4：产品市场竞争程度的提高会强化非国有董事治理积极性对国有企业

资产保值增值的促进效应。

五、媒体关注对基本关系的调节效应

在 IT 网络技术快速迭代进化以及数字经济持续推进的当下，媒体关注已经成为国有企业外部治理机制的重要组成部分，是市场中一种重要制度安排（张璇等，2019）。媒体关注凭借其传播的广泛性、及时性和大众性（Miller，2006），能够对国有企业的决策行为、管理活动、经济事项乃至管理层成员等诸多内容进行关注和报道。媒体关注主要从以下两方面影响非国有董事"用手投票"的治理效应：

一方面，媒体关注可以产生信息效应，缓解国有企业的信息不对称。媒体关注作为信息岛，不仅能够传播企业披露的显性信息，降低市场摩擦，缓解国企信息不对称（Gorman et al.，2010；凌士显和白锐锋，2017），还能够发现企业未显的隐性信息，从而倒逼国有企业建立更加完善、透明的信息披露制度（吴先聪和郑国洪，2021）。这既拓展了非国有董事获取信息的途径，也增强了非国有董事获取信息的能力，使非国有股东及其委派董事更能准确识别混改国企内的风险和机会，从而有利于非国有董事通过"用手投票"发挥治理效应。此外，通过媒体报道产生的示范效应和外溢效应能够提高市场和政府的监督质量，这进一步保障和支持了非国有董事参与混改国有企业治理，最终增强"用手投票"的资产保值增值效应。另一方面，媒体关注能够发挥压力效应，减轻国有企业内部人控制和委托代理问题。媒体关注能够密切监督大股东和管理者的行为，不仅能够增加企业问题被发现的概率，也能够激励企业改进可能存在的问题（Dyck et al.，2008；醋卫华和李培功，2012），因此，媒体关注对企业来说是一种可置信威胁，能够在一定程度上限制，甚至是规避国有企业的非市场化机制以及内部人的机会主义行为，降低代理成本（李培功和沈艺峰，2013），这极大增强了非国有董事在董事会中的制衡作用，更有利于非国有董事通过"用手投票"发挥治理效应，并且针对损害股东或者企业利益的事项，非国有董事还可以通过媒体发声来施加压力，从而强化其话语权和影响力，最终增强"用手投票"的资产保值增值效应。基于上述分析，本书提出研究假设 H6-5：

H6-5：媒体关注程度的提高会强化非国有董事治理积极性对国有企业资产保值增值的促进效应。

六、分析师关注对基本关系的调节效应

分析师是资本市场不可或缺的信息中介，分析师关注已经成为国有企业外部治理机制的重要组成部分，是市场中一种重要制度安排（Knyazeva，2007）。分析师关注凭借其独特的信息获取和分析技能，能够提高资本市场效率、约束国有企业内部人的行为、缓解国有企业的信息不对称程度（郭建鸾和简晓彤，2021）。分析师关注主要从以下两方面影响非国有董事"用手投票"的治理效应：

一方面，分析师关注能够发挥信息效应，缓解国有企业的信息不对称程度。较多的分析师关注及其发布的研究报告或盈余预测信息意味着混改国企受到更高水平的曝光，降低了非国有股与国有股的信息不对称（Shroff et al.，2014），不仅能够对财务报表的生成过程起到监督作用，提高财务报告质量和会计稳健性，还有利于减弱内部控制缺陷带给非国有股东的负效应（林钟高和陈曦，2017；李梅等，2021），因此，分析师关注在通过提升混改国企的信息透明度来保护非国有股东及其委派董事权益的同时，也提升了非国有董事信息获取和信息解读的能力和效率（张宗新和周嘉嘉，2019），有助于非国有董事通过"用手投票"发挥治理效应，最终增强"用手投票"的资产保值增值效应。另一方面，分析师关注能够发挥压力效应和声誉效应，约束国有企业内部人，降低国有企业代理成本。由于分析师的专业性为市场普遍认可，因而分析师的专业判断及其产出内容已经成为包括非国有资本在内的众多投资者的重要参考（Chen et al.，2015）。分析师发布的研究报告或盈余预测信息不仅能够给国有企业内部人施加压力，大大降低其对国企资源的滥用行为，从而导致国有企业内部人的机会主义行为被市场参与主体的"无形之眼"遏制（刘柏和琚涛，2021），还可以给"半市场化、半行政化"的国有企业高管以声誉预期，督促其勤勉履职。由此，分析师关注通过压力效应和声誉效应约束了国有企业内部人、降低了国有企业代理成本，从而与非国有董事"用手投票"产生协同互补效果，最终增强"用手投票"的资产保值增值效应。基于上述分析，本书提出研究假设 H6-6：

H6-6：分析师关注程度的提高会强化非国有董事治理积极性对国有企业资产保值增值的促进效应。

本节的逻辑关系如图 6-1 所示：

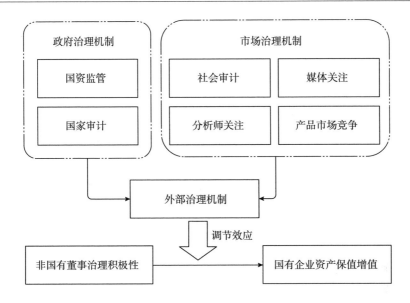

图 6-1　外部治理机制对基本关系调节效应的逻辑关系

资料来源：笔者采用 Visio 软件绘制。

第二节　研究设计

一、样本选择与数据来源

与第四章相同，本书选取 2013～2020 年中国沪深 A 股商业类国有上市公司作为研究样本，主要变量的样本选择与数据来源同第四章，但以下变量的样本选择与数据来源需要进行说明：其一，关于国家审计变量（EX_NAU），国家审计数据由中国审计年鉴与审计署及地方审计机关的审计结果公告得到，由于审计署公布的审计结果公告目前只更新至 2018 年，并且公告具有滞后性，即 2018 年发布的公告，审计介入年度是 2017 年，因此，国家审计的数据区间为 2013～2017年，与此同时，剔除无法获得国家审计数据的部分地方国企样本，最终得到 5 个年度共计 578 个样本观测值。其二，关于媒体关注变量（EX_MED），媒体关注数据基于 CNKI "中国重要报纸全文数据库" 手工整理：使用样本公司的全称及其证券简称，依据 "主题" 进行搜索并取得数据。

二、变量定义

1. 国资监管变量

根据党的十八届三中全会报告及《关于深化国有企业改革的指导意见》，参考胡锋和石涛（2019）、赵斯昕等（2020）等文献的研究成果，本书以 2017 年作为国资监管转变的时间节点来设置虚拟变量从而进行指标测度（EX_SUP），其中，1 为以管资本为主的国资监管，0 为管人管事管资产的国资监管。关于国资监管转变的时间节点，现有研究主要有以下几种不同处理：其一，以 2013 年作为国资监管转变的时间节点（夏冰和吴能全，2020），主要考虑到 2013 年党的十八届三中全会提出以管资本为主；其二，以 2015 年作为国资监管转变的时间节点（郭檬楠和吴秋生，2019），主要考虑到 2015 年发布的《关于深化国有企业改革的指导意见》提出要进一步完善国有企业监管制度，实现职能转变；其三，以 2017 年作为国资监管转变的时间节点，主要考虑到政策落地存在一定的滞后性，并平衡全国各地政策实施的总体一致性（赵斯昕等，2020；陈艳利和姜艳峰，2021）。综合以上研究成果，由于本书研究样本的数据区间为 2013～2020年，选取 2013 年作为时间节点不具有可行性，同时本书研究样本包含央企和地方国企，考虑到地方国企政策实施的滞后性，选取 2015 年作为时间节点不具有客观性，因此，以 2017 年作为国资监管转变的时间节点所进行的实证分析结果更具有科学性和可靠性。

2. 国家审计变量

参考王兵等（2017）、吴秋生和郭檬楠（2018）等的研究成果，本书基于审计署以及地方审计机关官方网站发布的审计结果公告与中国审计年鉴测度国家审计（EX_NAU），若样本企业或者其集团母公司在该年度被国家审计过取值为 1，否则为 0。

3. 社会审计变量

参考张嘉兴和傅绍正（2014）、王彦超和赵璨（2016）等的研究成果，本书以是否聘请国际 "四大" 会计师事务所审计作为社会审计的代理指标（EX_SAU），若样本企业接受国际 "四大" 审计为 1，否则为 0。

4. 产品市场竞争变量

参考刘志强（2015）、王爱群和刘耀娜（2021）等的研究成果，本书以行业内企业营业收入占行业营业收入总额比重的平方和测度产品市场竞争（EX_HHI）。

5. 媒体关注变量

参考许瑜等（2017）、张横峰（2017）等文献的研究成果，本书以观测当年样本公司受到《第一财经日报》《经济观察报》《证券日报》《上海证券报》《证券时报》《中国经营报》《21世纪经济报道》和《中国证券报》的报道数量之和加1后取自然对数的结果来测度媒体关注（EX_MED）。

6. 分析师关注变量

参考李梅等（2021）、郭建鸾和简晓彤（2021）等的研究成果，本书以观测当年样本企业受到过跟踪分析的分析师研报数加1后取自然对数的结果来测度分析师关注（EX_COV）。

外部治理机制变量定义如表6-1所示。

表6-1　外部治理机制变量定义

变量名称		变量符号	计算方法
政府治理机制	国资监管	EX_SUP	虚拟变量，2017年之后的样本为1，否则为0
	国家审计	EX_NAU	虚拟变量，接受国家审计的样本为1，否则为0
市场治理机制	社会审计	EX_SAU	虚拟变量，接受国际"四大"审计的样本为1，否则为0
	产品市场竞争	EX_HHI	行业内企业营业收入占行业营业收入总额比重的平方和
	媒体关注	EX_MED	一年内对该公司进行的媒体报道数加1后取自然对数
	分析师关注	EX_COV	一年内对该公司进行过跟踪分析的分析师研报数加1后取自然对数

资料来源：笔者整理。

三、模型设计

为了实证检验外部治理机制对非国有董事治理积极性与国有企业资产保值增

值关系的调节效应，本书在模型（4-1）的基础上分别加入各外部治理机制变量及其与非国有董事治理积极性变量的交乘项，构建模型（6-1）来对假设 H6-1 至 H6-6 进行验证：

$$MAVA_{i,t} = \alpha_0 + \alpha_1 NONVOTE_{i,t} + \alpha_2 NONVOTE_{i,t} \times EX_{i,t} + \alpha_3 EX_{i,t} + \alpha Controls_{i,t} + YEAR +$$
$$IND + \varepsilon_{i,t} \tag{6-1}$$

在模型（6-1）中，MAVA 为被解释变量国有企业资产保值增值，包括 MA-VA_EVA 和 MAVA_RATIO。NONVOTE、EX 以及 NONVOTE×EX 为解释变量，其中，NONVOTE 包括非国有董事治理积极性虚拟变量（NONVOTE）和非国有董事治理积极性连续变量（NONVOTE_R）；EX 为外部治理机制变量，具体包括国资监管（EX_SUP）、国家审计（EX_NAU）、社会审计（EX_SAU）、产品市场竞争（EX_HHI）、媒体关注（EX_MED）、分析师关注（EX_COV）。Controls 为控制变量，包括公司规模（SIZE）、偿债能力（LEV）、发展能力（GROWTH）、资产结构（FATA）、股权结构（SHR1）、高管薪酬（PAY）、高管持股（MANAGE）、独董比例（OUT）。YEAR 为年度固定效应，IND 为行业固定效应。在上述模型中，主要考察非国有董事治理积极性与各外部治理机制变量的交乘项系数 α_2，若 α_2 显著为正，则研究假设 H6-1 至 H6-6 得到验证。

第三节 实证结果与分析

一、描述性统计

表6-2 报告了外部治理机制变量的描述性统计结果，从中可以看出：其一，关于国资监管（EX_SUP），EX_SUP 的均值为 0.5620，中位数为 1.0000，说明56.20%的样本企业实现了由管人管事管资产向以管资本为主的国资监管的转变，最小值为 0.0000，最大值为 1.0000，标准差为 0.4960，说明样本企业的国资监管存在一定差异。其二，关于国家审计（EX_NAU），EX_NAU 的均值为0.0882，中位数为 0.0000，最小值为 0.0000，最大值为 1.0000，标准差为0.2840，即8.82%的样本企业或者其集团母公司受到国家审计机关介入开展审计

活动，说明就本书选取的样本及期间来看国家审计的总体覆盖率不高，在国有企业混合所有制改革背景下，仍需要优化国家审计资源配置、提高对混改国企的国家审计。其三，关于社会审计（EX_SAU），EX_SAU 的均值为 0.0681，中位数为 0.0000，最小值为 0.0000，最大值为 1.0000，标准差为 0.2520，说明存在 6.81%的样本企业受到由国际"四大"会计师事务所开展的社会审计活动。其四，关于产品市场竞争（EX_HHI），EX_HHI 的均值为 0.2240，中位数为 0.1530，最小值为 0.0379，最大值为 1.0000，标准差为 0.2070，说明样本企业所受到的产品市场竞争程度存在一定差异。其五，关于媒体关注（EX_MED），EX_MED 的均值为 1.5240，中位数为 1.3860，最小值为 0.0000，最大值为 4.7790，标准差为 1.1750，说明样本企业所受到的媒体关注程度存在较大差异，异质化的媒体关注可能会发挥其独特的治理效应，从而影响非国有董事治理积极性对国有企业资产保值增值的促进效应。其六，关于分析师关注（EX_COV），EX_COV 的均值为 1.9500，中位数为 1.9460，最小值为 0.0000，最大值为 4.7270，标准差为 1.4710，说明样本企业所受到的分析师关注程度存在较大差异，异质化的分析师关注可能会发挥其独特的治理效应，从而影响非国有董事治理积极性对国有企业资产保值增值的促进效应。此外，上述外部治理机制变量的均值和中位数差异较小，说明基本呈现正态分布，并且外部治理机制变量的描述性统计结果与已有文献基本一致（祁怀锦等，2018；郭檬楠和吴秋生，2019；独正元和吴秋生，2020），反映了本书数据收集和整理过程的可靠性和准确性。

表6-2 外部治理机制变量描述性统计结果

变量名称	样本量	均值	标准差	最小值	p25	p50	p75	最大值
EX_SUP	999	0.5620	0.4960	0.0000	0.0000	1.0000	1.0000	1.0000
EX_NAU	578	0.0882	0.2840	0.0000	0.0000	0.0000	0.0000	1.0000
EX_SAU	999	0.0681	0.2520	0.0000	0.0000	0.0000	0.0000	1.0000
EX_HHI	999	0.2240	0.2070	0.0379	0.0907	0.1530	0.2670	1.0000
EX_MED	999	1.5240	1.1750	0.0000	0.6930	1.3860	2.3980	4.7790
EX_COV	999	1.9500	1.4710	0.0000	0.6930	1.9460	3.1780	4.7270

注：p25、p50 和 p75 分别表示 1/4、1/2 和 3/4 分位数。

资料来源：笔者采用 Stata 软件计算整理而得。

二、相关性分析

表 6-3 报告了相关性分析与 VIF 检验结果,由表可知,包括国资监管(EX_SUP)、国家审计(EX_NAU)、社会审计(EX_SAU)、产品市场竞争(EX_HHI)、媒体关注(EX_MED)和分析师关注(EX_COV)在内的各外部治理机制变量分别与非国有董事治理积极性(NONVOTE、NONVOTE_R)之间的相关系数均不超过 0.7,说明构建的模型(6-1)不存在严重的多重共线性问题,并且各外部治理机制和非国有董事治理积极性之间的相关系数均为正,这表明随着各外部治理机制的介入,非国有董事治理积极性在提高,从而可能强化其对国有企业资产保值增值的促进效应,初步验证了假设 H6-1 至 H6-6。与此同时,各个变量 VIF 的最大值为 1.20,平均 VIF 值为 1.08,由此可以推断,该模型不存在严重的多重共线性问题。以上共同表明本书所构建的模型(6-1)具有良好的可靠性和科学性。

表 6-3 相关性分析与 VIF 检验结果

相关性分析结果			方差膨胀因子(VIF)检验结果		
变量	NONVOTE	NONVOTE_R	变量	VIF	1/VIF
EX_SUP	0.0710*	0.0697*	NONVOTE	1.03	0.9700
EX_NAU	0.0736*	0.0739*	NONVOTE_R	1.06	0.9448
EX_SAU	0.0127	0.0114	EX_SUP	1.03	0.9731
EX_HHI	0.0331	0.0288	EX_NAU	1.04	0.9639
EX_MED	0.0839**	0.0919**	EX_SAU	1.06	0.9423
EX_COV	0.1406***	0.1469***	EX_HHI	1.02	0.9816
			EX_MED	1.20	0.8332
			EX_COV	1.18	0.8450
			均值	1.08	

注:***、**和*分别表示在 1%、5%和 10%水平上显著。

资料来源:笔者采用 Stata 软件计算整理而得。

三、回归结果与分析

表6-4报告了政府治理机制对非国有董事治理积极性与国有企业资产保值增值关系的调节效应，其中，列（1）和列（2）为国资监管（EX_SUP）的调节效应检验结果，列（3）和列（4）为国家审计（EX_NAU）的调节效应检验结果。其一，关于国资监管的调节效应，如表6-4列（1）和列（2）所示，非国有董事治理积极性（NONVOTE）与国有企业资产保值增值（MAVA_EVA）为正相关关系，并且NONVOTE×EX_SUP的回归系数（0.0358）在1%水平上显著为正，同时，非国有董事治理积极性（NONVOTE_R）与国有企业资产保值增值（MAVA_EVA）为正相关关系，并且NONVOTE_R×EX_SUP的回归系数（0.1310）在5%水平上显著为正。由于EX_SUP为正向指标，因此，以上均说明相较于过去管人管事管资产，当前以管资本为主的国资监管更能强化非国有董事"用手投票"的资产保值增值效应，支持了假设H6-1。其二，关于国家审计的调节效应，如表6-4列（3）和列（4）所示，非国有董事治理积极性（NONVOTE）与国有企业资产保值增值（MAVA_EVA）为正相关关系，并且NONVOTE×EX_NAU的回归系数（0.0408）在5%水平上显著为正，同时，非国有董事治理积极性（NONVOTE_R）与国有企业资产保值增值（MAVA_EVA）为正相关关系，而NONVOTE_R×EX_NAU的回归系数（0.1090）在10%水平上显著为正。由于EX_NAU为正向指标，因此，以上均说明相较于未受到国家审计介入，受到国家审计介入更能强化非国有董事治理积极性对国有企业资产保值增值的促进效应，支持了假设H6-2。

表6-4　政府治理机制的调节效应检验结果

变量	(1)	(2)	(3)	(4)
	MAVA_EVA			
	EX_SUP		EX_NAU	
EX	0.0167 (1.5314)	0.0140 (1.2086)	0.0076 (0.9992)	0.0069 (0.9660)
NONVOTE	0.0055 (0.6986)		0.0192*** (3.2740)	

续表

变量	(1)	(2)	(3)	(4)
	MAVA_EVA			
	EX_SUP		EX_NAU	
NONVOTE×EX	0.0358***		0.0408**	
	(3.2170)		(2.5395)	
NONVOTE_R		0.0374		0.1260***
		(0.8872)		(3.9329)
NONVOTE_R×EX		0.1310**		0.1090*
		(2.0761)		(1.9089)
SIZE	0.0100***	0.00935***	0.0060**	0.0055**
	(4.3957)	(4.0852)	(2.3602)	(2.1839)
LEV	−0.1280***	−0.1270***	−0.0948***	−0.0911***
	(−10.6451)	(−10.4844)	(−7.0608)	(−6.8597)
GROWTH	0.0250***	0.0257***	0.0141***	0.0139***
	(6.7198)	(6.8780)	(3.5819)	(3.5722)
FATA	−0.0863***	−0.0885***	−0.0699***	−0.0692***
	(−6.2040)	(−6.3220)	(−4.5719)	(−4.5886)
SHR1	0.0671***	0.0649***	0.0633***	0.0581***
	(4.2617)	(4.0850)	(3.7981)	(3.5129)
PAY	0.0220***	0.0230***	0.0169***	0.0180***
	(7.0024)	(7.3175)	(5.1235)	(5.5299)
MANAGE	0.2010***	0.1920***	0.1480***	0.1480***
	(4.5825)	(4.3315)	(3.6710)	(3.7169)
OUT	−0.0856*	−0.0722	−0.0349	−0.0217
	(−1.9487)	(−1.6344)	(−0.6977)	(−0.4417)
Constant	−0.4370***	−0.4450***	−0.3480***	−0.3550***
	(−8.8269)	(−8.9371)	(−6.3948)	(−6.6158)
YEAR	YES	YES	YES	YES
IND	YES	YES	YES	YES
样本量	999	999	578	578
Within_R^2	0.4699	0.4621	0.4341	0.4462

注：***、**和*分别表示在1%、5%和10%水平上显著，括号内为 T 值。

资料来源：笔者采用 Stata 软件计算整理而得。

表6-5 报告了市场治理机制（社会审计和产品市场竞争）对非国有董事治

理积极性与国有企业资产保值增值关系的调节效应，其中，列（1）和列（2）为社会审计（EX_SAU）的调节效应检验结果，列（3）和列（4）为产品市场竞争（EX_HHI）的调节效应检验结果。其一，关于社会审计的调节效应，如表6-5列（1）和列（2）所示，非国有董事治理积极性（NONVOTE）与国有企业资产保值增值（MAVA_EVA）为正相关关系，并且 NONVOTE×EX_SAU 的回归系数（0.0216）在10%水平上显著为正，同时，非国有董事治理积极性（NONVOTE_R）与国有企业资产保值增值（MAVA_EVA）为正相关关系，并且 NONVOTE_R×EX_SAU 的回归系数显著为正。由于 EX_SAU 为正向指标，因此，以上均说明相较于受到非国际"四大"社会审计，受到国际"四大"社会审计更能强化非国有董事治理积极性对国有企业资产保值增值的促进效应，支持了假设 H6-3。其二，关于产品市场竞争的调节效应，如表6-5列（3）和列（4）所示，非国有董事治理积极性（NONVOTE）与国有企业资产保值增值（MAVA_EVA）为正相关关系，并且 NONVOTE×EX_HHI 的回归系数（0.0175）在10%水平上显著为正，同时，非国有董事治理积极性（NONVOTE_R）与国有企业资产保值增值（MAVA_EVA）为正相关关系，并且 NONVOTE_R×EX_HHI 的回归系数显著为正。由于 EX_HHI 为正向指标，因此，以上均说明产品市场竞争程度的提高会强化非国有董事治理积极性对国有企业资产保值增值的影响，支持了假设 H6-4。

表6-5　市场治理机制的调节效应检验结果一

变量	(1)	(2)	(3)	(4)
	MAVA_EVA			
	EX_SAU		EX_HHI	
EX	−0.0035 (−0.4580)	−0.0046 (−0.6155)	−0.0053 (−0.3906)	−0.0071 (−0.5216)
NONVOTE	0.0251*** (4.5055)		0.0203*** (2.5898)	
NONVOTE×EX	0.0216* (1.6647)		0.0175* (1.6647)	
NONVOTE_R		0.1160*** (3.8836)		0.0880* (1.9500)

续表

变量	（1）	（2）	（3）	（4）
	MAVA_EVA			
	EX_SAU		EX_HHI	
NONVOTE_R×EX		0.0470* (1.9487)		0.1140** (2.0761)
SIZE	0.0096*** (4.1382)	0.0093*** (4.0050)	0.0093*** (4.0490)	0.0091*** (3.9587)
LEV	−0.1240*** (−10.2252)	−0.1240*** (−10.1998)	−0.1240*** (−10.2303)	−0.1250*** (−10.2490)
GROWTH	0.0258*** (6.8800)	0.0261*** (6.9271)	0.0259*** (6.9104)	0.0262*** (6.9714)
FATA	−0.0885*** (−6.2768)	−0.0913*** (−6.4929)	−0.0899*** (−6.4035)	−0.0919*** (−6.5435)
SHR1	0.0680*** (4.2646)	0.0651*** (4.0705)	0.0668*** (4.2006)	0.0648*** (4.0579)
PAY	0.0230*** (7.2357)	0.0235*** (7.3710)	0.0226*** (7.1594)	0.0233*** (7.3567)
MANAGE	0.2030*** (4.5783)	0.1970*** (4.4284)	0.1990*** (4.4808)	0.1950*** (4.3783)
OUT	−0.0737* (−1.6647)	−0.0652 (−1.4703)	−0.0723 (−1.6292)	−0.0636 (−1.4334)
Constant	−0.4640*** (−9.0817)	−0.4600*** (−8.9997)	−0.4540*** (−8.8530)	−0.4510*** (−8.8422)
YEAR	YES	YES	YES	YES
IND	YES	YES	YES	YES
样本量	999	999	999	999
Within_R^2	0.4592	0.4563	0.4586	0.4564

注：***、**和*分别表示在1%、5%和10%水平上显著，括号内为T值。

资料来源：笔者采用Stata软件计算整理而得。

表6-6报告了市场治理机制（媒体关注和分析师关注）对非国有董事治理积极性与国有企业资产保值增值关系的调节效应，其中，列（1）和列（2）为媒体关注（EX_MED）的调节效应检验结果，列（3）和列（4）为分析师关注（EX_COV）的调节效应检验结果。其一，关于媒体关注的调节效应，如表6-6

列（1）和列（2）所示，非国有董事治理积极性（NONVOTE）与国有企业资产保值增值（MAVA_EVA）为正相关关系，并且 NONVOTE×EX_MED 的回归系数（0.0079）在 10% 水平上显著为正，同时，非国有董事治理积极性（NONVOTE_R）与国有企业资产保值增值（MAVA_EVA）为正相关关系，并且 NONVOTE_R×EX_MED 的回归系数显著为正。由于 EX_MED 为正向指标，因此，以上均说明媒体关注的提高会强化非国有董事治理积极性对国有企业资产保值增值的影响，支持了假设 H6-5。其二，关于分析师关注的调节效应，如表 6-6 列（3）和列（4）所示，非国有董事治理积极性（NONVOTE）与国有企业资产保值增值（MAVA_EVA）为正相关关系，并且 NONVOTE×EX_COV 的回归系数（0.0008）在 10% 水平上显著为正，同时，非国有董事治理积极性（NONVOTE_R）与国有企业资产保值增值（MAVA_EVA）为正相关关系，并且 NONVOTE_R×EX_COV 的回归系数（0.0011）在 5% 水平上显著为正。由于 EX_COV 为正向指标，因此，以上均说明分析师关注的提高会强化非国有董事治理积极性对国有企业资产保值增值的影响，支持了假设 H6-6。

表 6-6　市场治理机制的调节效应检验结果二

变量	(1)	(2)	(3)	(4)
	MAVA_EVA			
	EX_MED		EX_COV	
EX	0.0021 (1.1322)	0.0024 (1.3068)	0.0111*** (7.2664)	0.0110*** (7.4109)
NONVOTE	0.0102 (1.0900)		0.0253*** (2.8735)	
NONVOTE×EX	0.0079* (1.8205)		0.0008* (1.7495)	
NONVOTE_R		0.0867 (1.3141)		0.1150** (2.2356)
NONVOTE_R×EX		0.0098* (1.6528)		0.0011** (2.0761)
SIZE	0.0080*** (3.3478)	0.0082*** (3.4309)	0.0019 (0.7652)	0.0017 (0.7101)

续表

变量	（1）	（2）	（3）	（4）
	\multicolumn{4}{c}{MAVA_EVA}			
	EX_MED		EX_COV	
LEV	-0.1230***	-0.1240***	-0.1040***	-0.1050***
	（-10.1707）	（-10.2123）	（-8.6397）	（-8.6524）
GROWTH	0.0260***	0.0264***	0.0252***	0.0256***
	（6.9577）	（7.0026）	（6.9301）	（7.0029）
FATA	-0.0889***	-0.0909***	-0.0769***	-0.0788***
	（-6.3480）	（-6.4765）	（-5.5967）	（-5.7318）
SHR1	0.0659***	0.0636***	0.0758***	0.0735***
	（4.1539）	（3.9855）	（4.8940）	（4.7300）
PAY	0.0220***	0.0225***	0.0194***	0.0200***
	（6.8880）	（7.0466）	（6.2479）	（6.4529）
MANAGE	0.1920***	0.1900***	0.1690***	0.1640***
	（4.3237）	（4.2562）	（3.9001）	（3.7863）
OUT	-0.0778*	-0.0714	-0.0711*	-0.0626
	（-1.7495）	（-1.6007）	（-1.6528）	（-1.4536）
Constant	-0.4200***	-0.4270***	-0.2840***	-0.2850***
	（-7.9325）	（-8.0357）	（-5.3271）	（-5.3457）
YEAR	YES	YES	YES	YES
IND	YES	YES	YES	YES
样本量	999	999	999	999
Within_R^2	0.4617	0.4572	0.4898	0.4874

注：***、**和*分别表示在1%、5%和10%水平上显著，括号内为T值。

资料来源：笔者采用Stata软件计算整理而得。

四、稳健性检验

1. 倾向得分匹配（PSM）

考虑到非国有董事投非赞成票行为属于稀有事件，样本的数据分布结构存在不均衡的情况，因此，参考Stiebale（2016）以及郑志刚等（2019）的稳健性检验思路，本书进一步使用倾向得分匹配方法进行检验。与第四章第三节相同，本书以匹配筛选后的样本采用模型（6-1）重新检验了各外部治理机制对非国有董事治理积极性与国有企业资产保值增值关系的调节效应。如表 6-7 倾向得分匹配样本回归结果一的列（1）至列（6）所示，非国有董事治理积极性（NONVOTE）与国有企业资产保值增值（MAVA_EVA）均为正相关关系，并且 NONVOTE×EX 的回归系数均显著为正；与此同时，如表 6-8 倾向得分匹配样本回归结果二的列（1）至列（6）所示，非国有董事治理积极性（NONVOTE_R）与国有企业资产保值增值（MAVA_EVA）均为正相关关系，并且 NONVOTE_R×EX 的回归系数同样均显著为正。上述回归结果依旧支持了前文结论。

表 6-7　倾向得分匹配样本回归结果一

变量	（1）	（2）	（3）	（4）	（5）	（6）
	MAVA_EVA					
EX	0.0437***	0.0190	0.0002	−0.0366	−0.0017	0.0074***
	(3.4844)	(1.3325)	(0.0157)	(−1.5892)	(−0.5760)	(2.9828)
NONVOTE	0.0098	0.0144**	0.0233***	0.0146*	0.0049	0.0163*
	(1.1653)	(1.9787)	(3.7958)	(1.7019)	(0.4873)	(1.7197)
NONVOTE×EX_SUP	0.0249**					
	(2.1247)					
NONVOTE×EX_NAU		0.0381*				
		(1.8356)				
NONVOTE×EX_SAU			0.0158*			
			(1.7019)			
NONVOTE×EX_HHI				0.0409**		
				(2.1035)		
NONVOTE×EX_MED					0.0158***	
					(3.3962)	
NONVOTE×EX_COV						0.0030**
						(1.9787)
SIZE	0.0021	−0.0011	0.0012	0.0006	−0.0012	−0.0052
	(0.5585)	(−0.2531)	(0.3040)	(0.1682)	(−0.2966)	(−1.2537)
LEV	−0.0737***	−0.0299	−0.0687***	−0.0693***	−0.0632***	−0.0519***
	(−3.9958)	(−1.2801)	(−3.5814)	(−3.6205)	(−3.3460)	(−2.7077)
GROWTH	0.0256***	0.0182**	0.0282***	0.0287***	0.0281***	0.0298***
	(4.1839)	(2.2451)	(4.4147)	(4.5000)	(4.4629)	(4.7595)

续表

变量	（1）	（2）	（3）	（4）	（5）	（6）
	MAVA_EVA					
FATA	−0.0970***	−0.1030***	−0.1070***	−0.1120***	−0.1100***	−0.0952***
	（−4.1504）	（−3.5662）	（−4.3307）	（−4.5972）	（−4.5540）	（−3.9277）
SHR1	0.0694***	0.0486*	0.0700***	0.0675***	0.0685***	0.0843***
	（2.9561）	（1.7818）	（2.8271）	（2.7510）	（2.8214）	（3.4525）
PAY	0.0237***	0.0238***	0.0247***	0.0246***	0.0238***	0.0227***
	（5.0464）	（4.1485）	（4.9863）	（5.0338）	（4.9085）	（4.7210）
MANAGE	0.1390**	0.1370**	0.1500**	0.1430**	0.1350**	0.1310**
	（2.2743）	（2.1835）	（2.3436）	（2.2535）	（2.1426）	（2.1035）
OUT	−0.0492	−0.0323	−0.0200	−0.0106	0.0110	0.0100
	（−0.7080）	（−0.3651）	（−0.2734）	（−0.1459）	（0.1530）	（0.1407）
Constant	−0.3460***	−0.3470***	−0.3810***	−0.3610***	−0.3290***	−0.252***
	（−4.9483）	（−4.1438）	（−4.9746）	（−4.7972）	（−4.2501）	（−3.1941）
YEAR	YES	YES	YES	YES	YES	YES
IND	YES	YES	YES	YES	YES	YES
样本量	390	228	390	390	390	390
Within_R^2	0.5129	0.4525	0.4648	0.4688	0.4829	0.4884

注：***、**和*分别表示在1%、5%和10%水平上显著，括号内为T值。

资料来源：笔者采用Stata软件计算整理而得。

表6-8　倾向得分匹配样本回归结果二

变量	（1）	（2）	（3）	（4）	（5）	（6）
	MAVA_EVA					
EX	0.0400***	0.0179	−0.0003	−0.0393*	−0.0002	0.0076***
	（3.0536）	（1.4899）	（−0.0238）	（−1.7815）	（−0.0558）	（3.2686）
NONVOTE_R	0.0493	0.1170***	0.1190***	0.0584	0.0111	0.0762
	（1.1963）	（3.3630）	（3.8733）	（1.2743）	（0.1676）	（1.5052）
NONVOTE_R× EX_SUP	0.0945*					
	（1.7815）					
NONVOTE_R× EX_NAU		0.1130*				
		（1.7116）				
NONVOTE_R× EX_SAU			0.0656**			
			（2.0181）			

续表

变量	（1）	（2）	（3）	（4）	（5）	（6）
	MAVA_EVA					
NONVOTE_R× EX_HHI				0.2490*		
				(1.6879)		
NONVOTE_R× EX_MED					0.0407*	
					(1.7530)	
NONVOTE_R× EX_COV						0.0161***
						(3.0536)
SIZE	0.0013	−0.0019	0.0006	0.0003	0.0002	−0.0054
	(0.3420)	(−0.4449)	(0.1479)	(0.0881)	(0.0415)	(−1.3107)
LEV	−0.0732***	−0.0281	−0.0680***	−0.0699***	−0.0677***	−0.0524***
	(−3.9292)	(−1.2535)	(−3.5471)	(−3.6645)	(−3.5546)	(−2.7314)
GROWTH	0.0279***	0.0194**	0.0297***	0.0298***	0.0293***	0.0308***
	(4.5053)	(2.4937)	(4.6433)	(4.6848)	(4.5938)	(4.8977)
FATA	−0.0950***	−0.0963***	−0.1070***	−0.1130***	−0.1050***	−0.0939***
	(−3.9923)	(−3.4645)	(−4.3464)	(−4.6464)	(−4.2853)	(−3.8793)
SHR1	0.0632***	0.0353	0.0619**	0.0624**	0.0622**	0.0768***
	(2.6507)	(1.3402)	(2.5032)	(2.5444)	(2.5282)	(3.1402)
PAY	0.0253***	0.0262***	0.0259***	0.0262***	0.0250***	0.0240***
	(5.3255)	(4.7581)	(5.2090)	(5.3564)	(5.0697)	(4.9820)
MANAGE	0.1320**	0.1460**	0.1420**	0.1380**	0.1300**	0.1260**
	(2.1287)	(2.4196)	(2.2302)	(2.1763)	(2.0300)	(2.0181)
OUT	−0.0219	−0.0084	−0.0009	0.0080	0.0124	0.0257
	(−0.3135)	(−0.0994)	(−0.0130)	(0.1119)	(0.1725)	(0.3639)
Constant	−0.3610***	−0.3710***	−0.3810***	−0.3620***	−0.3640***	−0.2630***
	(−5.1115)	(−4.6288)	(−4.9993)	(−4.8638)	(−4.6599)	(−3.3432)
YEAR	YES	YES	YES	YES	YES	YES
IND	YES	YES	YES	YES	YES	YES
样本量	390	228	390	390	390	390
Within_R^2	0.5008	0.4926	0.4659	0.4731	0.4705	0.4887

注：***、**和*分别表示在1%、5%和10%水平上显著，括号内为 T 值。

资料来源：笔者采用 Stata 软件计算整理而得。

2. 删除特殊样本

考虑到 2020 年中国受到新冠疫情的影响，国有上市公司的正常经营管理秩序受到冲击，国有企业资产保值增值情况也可能存在一定程度波动，从而可能影响本书的研究结果的可靠性。因此，为排除这一潜在影响，与第四章第三节相同，本书将 2020 年样本删除后，采用模型（6-1）重新检验了各外部治理机制对基本关系的调节效应。需要说明的是，由于国家审计变量的数据区间为 2013~2017 年，因此，国家审计（EX_NAU）对非国有董事治理积极性与国有企业资产保值增值的调节检验未参与本稳健性测试。如表 6-9 剔除特殊样本回归结果一的列（1）至列（5）所示，非国有董事治理积极性（NONVOTE）与国有企业资产保值增值（MAVA_EVA）均为正相关关系，并且 NONVOTE×EX 的回归系数均显著为正；与此同时，如表 6-10 剔除特殊样本回归结果二的列（1）至列（5）所示，非国有董事治理积极性（NONVOTE_R）与国有企业资产保值增值（MAVA_EVA）均为正相关关系，并且 NONVOTE_R×EX 的回归系数同样均显著为正。上述回归结果依旧支持了前文结论。

表 6-9 剔除特殊样本回归结果一

变量	（1）	（2）	（3）	（4）	（5）
	MAVA_EVA				
EX	0.0146 （1.2886）	−0.0034 （−0.4198）	0.0202 ** （2.4637）	0.0095 （0.9480）	0.0112 *** （6.8153）
NONVOTE	0.0045 （0.5799）	0.0246 *** （4.2144）	0.0202 ** （2.4637）	0.0095 （0.9480）	0.0249 ** （2.4765）
NONVOTE×EX_SUP	0.0382 *** （3.2959）				
NONVOTE×EX_SAU		0.0194 ** （2.2224）			
NONVOTE×EX_HHI			0.0169 ** （2.0576）		
NONVOTE×EX_MED				0.0078 * （1.7048）	
NONVOTE×EX_COV					0.0011 ** （2.0995）
SIZE	0.0083 *** （3.4240）	0.0078 *** （3.1339）	0.0075 *** （3.0472）	0.0062 ** （2.3914）	0.0002 （0.0874）

续表

变量	(1)	(2)	(3)	(4)	(5)
	MAVA_EVA				
LEV	−0. 1130 *** (−8. 6885)	−0. 1080 *** (−8. 2219)	−0. 1080 *** (−8. 2282)	−0. 1070 *** (−8. 1781)	−0. 0889 *** (−6. 8578)
GROWTH	0. 0213 *** (5. 0736)	0. 0220 *** (5. 1920)	0. 0222 *** (5. 2304)	0. 0226 *** (5. 3161)	0. 0217 *** (5. 2825)
FATA	−0. 0856 *** (−5. 7769)	−0. 0883 *** (5. 8732)	−0. 0899 *** (−6. 0031)	−0. 0890 *** (−5. 9574)	−0. 0767 *** (−5. 2372)
SHR1	0. 0783 *** (4. 7542)	0. 0795 *** (4. 7652)	0. 0784 *** (4. 7101)	0. 0776 *** (4. 6723)	0. 0888 *** (5. 4734)
PAY	0. 0219 *** (6. 6000)	0. 0232 *** (6. 8717)	0. 0228 *** (6. 7966)	0. 0221 *** (6. 5637)	0. 0196 *** (5. 9698)
MANAGE	0. 2040 *** (4. 6044)	0. 2060 *** (4. 5950)	0. 2020 *** (4. 4992)	0. 1950 *** (4. 3351)	0. 1730 *** (3. 9676)
OUT	−0. 1180 ** (−2. 4801)	−0. 1050 ** (−2. 1899)	−0. 1030 ** (−2. 1389)	−0. 1090 ** (−2. 2664)	−0. 1030 ** (−2. 2224)
Constant	−0. 4070 *** (−7. 7358)	−0. 4370 *** (−8. 0417)	−0. 4270 *** (−7. 8009)	−0. 3910 *** (−6. 9420)	−0. 2610 *** (−4. 6255)
YEAR	YES	YES	YES	YES	YES
IND	YES	YES	YES	YES	YES
样本量	859	859	859	859	859
Within_ R^2	0. 4379	0. 4252	0. 4245	0. 4279	0. 4587

注：***、** 和 * 分别表示在 1%、5% 和 10% 水平上显著，括号内为 T 值。

资料来源：笔者采用 Stata 软件计算整理而得。

表 6-10　剔除特殊样本回归结果二

变量	(1)	(2)	(3)	(4)	(5)
	MAVA_EVA				
EX	0. 0069 (0. 5604)	−0. 0042 (−0. 5335)	−0. 0080 (−0. 5359)	0. 0022 (1. 1165)	0. 0112 *** (7. 0848)
NONVOTE_R	0. 0302 (0. 6944)	0. 1310 *** (4. 1808)	0. 0917 ** (1. 9736)	0. 0993 (1. 4033)	0. 1480 ** (2. 5722)
NONVOTE_R×EX_SUP	0. 1740 *** (2. 6408)				

续表

变量	(1)	(2)	(3)	(4)	(5)
	MAVA_EVA				
NONVOTE_R×EX_SAU		0.0604 ** (2.5722)			
NONVOTE_R×EX_HHI			0.1730 * (1.8963)		
NONVOTE_R×EX_MED				0.0100 ** (2.1394)	
NONVOTE_R×EX_COV					0.0092 * (1.8963)
SIZE	0.0073 *** (2.9806)	0.0073 *** (2.9341)	0.0071 *** (2.8998)	0.0063 ** (2.4426)	−0.0001 (−0.0546)
LEV	−0.1100 *** (−8.4408)	−0.1070 *** (−8.1394)	−0.1080 *** (−8.1955)	−0.1070 *** (−8.1569)	−0.0883 *** (−6.8131)
GROWTH	0.0214 *** (5.0880)	0.0219 *** (5.1686)	0.0222 *** (5.2329)	0.0224 *** (5.2645)	0.0218 *** (5.3119)
FATA	−0.0893 *** (−6.0158)	−0.0923 *** (−6.1808)	−0.0934 *** (−6.2599)	−0.0919 *** (−6.1611)	−0.0797 *** (−5.4654)
SHR1	0.0755 *** (4.5592)	0.0758 *** (4.5390)	0.0757 *** (4.5405)	0.0748 *** (4.4867)	0.0857 *** (5.2761)
PAY	0.0232 *** (6.9823)	0.0237 *** (7.0445)	0.0235 *** (7.0369)	0.0228 *** (6.7570)	0.0202 *** (6.1776)
MANAGE	0.1920 *** (4.2863)	0.2000 *** (4.4516)	0.1970 *** (4.4004)	0.1930 *** (4.2886)	0.1690 *** (3.8722)
OUT	−0.1050 ** (−2.2152)	−0.0984 ** (−2.0576)	−0.0958 ** (−2.0007)	−0.1030 ** (−2.1394)	−0.0974 ** (−2.0995)
Constant	−0.4110 *** (−7.8016)	−0.4290 *** (−7.9211)	−0.4220 *** (−7.8042)	−0.3980 *** (−7.0589)	−0.2570 *** (−4.5581)
YEAR	YES	YES	YES	YES	YES
IND	YES	YES	YES	YES	YES
样本量	859	859	859	859	859
Within_R^2	0.4328	0.4252	0.4256	0.4259	0.4597

注：***、**和*分别表示在1%、5%和10%水平上显著，括号内为T值。

资料来源：笔者采用Stata软件计算整理而得。

3. 替换被解释变量的测度指标

与第四章第三节相同,本书以剔除本期资本金变化影响的保值增值率(MA-VA_RATIO)作为代理指标,采用模型(6-1)重新检验了各外部治理机制对基本关系的调节效应。如表6-11替换被解释变量回归结果一的列(1)至列(6)所示,非国有董事治理积极性(NONVOTE)与国有企业资产保值增值(MA-VA_EVA)均为正相关关系,并且NONVOTE×EX的回归系数均显著为正;与此同时,如表6-12替换被解释变量回归结果二的列(1)至列(6)所示,非国有董事治理积极性(NONVOTE_R)与国有企业资产保值增值(MAVA_EVA)均为显著正相关关系,并且NONVOTE_R×EX的回归系数同样均显著为正。上述回归结果依旧支持了前文结论。

表6-11 替换被解释变量回归结果一

变量	(1)	(2)	(3)	(4)	(5)	(6)
	MAVA_RATIO					
EX	0.1250** (2.1405)	−0.0198 (−0.3249)	−0.0306 (−0.7598)	−0.0210 (−0.2911)	0.0061 (0.6150)	0.0286*** (3.4704)
NONVOTE	0.0668 (1.6023)	0.0915* (1.9458)	0.0779*** (2.6435)	0.1290*** (3.0943)	0.0908* (1.8311)	0.1930*** (4.0350)
NONVOTE× EX_SUP	0.0068* (1.9458)					
NONVOTE× EX_NAU		0.0848* (1.7072)				
NONVOTE× EX_SAU			0.1280** (2.0762)			
NONVOTE× EX_HHI				0.2710* (1.8963)		
NONVOTE× EX_MED					0.0109* (1.9458)	
NONVOTE× EX_COV						0.0560*** (−3.1754)
SIZE	0.0519*** (4.2740)	0.0581*** (2.8495)	0.0529*** (4.3183)	0.0513*** (4.2315)	0.0495*** (3.9025)	0.0352*** (2.6717)

续表

变量	（1）	（2）	（3）	（4）	（5）	（6）
	MAVA_RATIO					
LEV	−0.3710*** (−5.7662)	−0.4410*** (−4.0994)	−0.3660*** (−5.6990)	−0.3640*** (−5.6703)	−0.3650*** (−5.6851)	−0.3290*** (−5.0485)
GROWTH	0.1570*** (7.9058)	0.1580*** (4.9973)	0.1570*** (7.9142)	0.1560*** (7.8430)	0.1580*** (7.9581)	0.1550*** (7.8568)
FATA	−0.1170 (−1.5704)	−0.0845 (−0.6890)	−0.1170 (−1.5709)	−0.1250* (−1.6833)	−0.1240* (−1.6664)	−0.0958 (−1.2883)
SHR1	−0.1330 (−1.5757)	−0.1220 (−0.9108)	−0.1270 (−1.5061)	−0.1380 (−1.6389)	−0.1380 (−1.6398)	−0.1270 (−1.5150)
PAY	0.0148 (0.8849)	0.0034 (0.1273)	0.0173 (1.0275)	0.0130 (0.7759)	0.0130 (0.7678)	0.0061 (0.3619)
MANAGE	0.8920*** (3.8057)	0.8340*** (2.5862)	0.8930*** (3.8015)	0.8890*** (3.7862)	0.8710*** (3.6944)	0.8260*** (3.5280)
OUT	0.4170* (1.7761)	0.8320** (2.0762)	0.4290* (1.8264)	0.3990* (1.6991)	0.4040* (1.7072)	0.3980* (1.7075)
Constant	−0.0437 (−0.1654)	−0.0741 (−0.1696)	−0.1420 (−0.5253)	0.0508 (0.1870)	−0.0112 (−0.0399)	0.3280 (1.1348)
YEAR	YES	YES	YES	YES	YES	YES
IND	YES	YES	YES	YES	YES	YES
样本量	999	578	999	999	999	999
Within_R^2	0.1903	0.1000	0.1873	0.1887	0.1857	0.1999

注：***、**和*分别表示在1%、5%和10%水平上显著，括号内为T值。

资料来源：笔者采用Stata软件计算整理而得。

表6-12　替换被解释变量回归结果二

变量	（1）	（2）	（3）	（4）	（5）	（6）
	MAVA_RATIO					
EX	0.1510** (2.4758)	−0.0236 (−0.4094)	−0.0362 (−0.9281)	−0.0389 (−0.5447)	0.0061 (0.6289)	0.0261*** (3.2884)
NONVOTE_R	0.8510*** (3.8291)	0.8710*** (3.3862)	0.5990*** (3.8036)	0.8570*** (3.6110)	1.3110*** (3.7821)	1.4610*** (5.3096)
NONVOTE_R× EX_SUP	0.6630** (1.9903)					

续表

变量	(1)	(2)	(3)	(4)	(5)	(6)
	MAVA_RATIO					
NONVOTE_R× EX_NAU		0.1560* (1.6561)				
NONVOTE_R× EX_SAU			0.2730** (2.4758)			
NONVOTE_R× EX_HHI				1.1170* (1.7051)		
NONVOTE_R× EX_MED					0.2790** (2.3276)	
NONVOTE_R× EX_COV						0.3550*** (3.8123)
SIZE	0.0503*** (4.1686)	0.0551*** (2.7195)	0.0507*** (4.1455)	0.0496*** (4.1006)	0.0488*** (3.8831)	0.0350*** (2.6783)
LEV	−0.3590*** (−5.6124)	−0.4180*** (−3.9102)	−0.3600*** (−5.6349)	−0.3640*** (−5.6880)	−0.3610*** (−5.6559)	−0.3340*** (−5.1586)
GROWTH	0.1600*** (8.1315)	0.1590*** (5.0663)	0.1590*** (8.0413)	0.1590*** (8.0551)	0.1630*** (8.2184)	0.1620*** (8.2640)
FATA	−0.1280* (−1.7341)	−0.0805 (−0.6639)	−0.1220 (−1.6446)	−0.1220* (−1.6561)	−0.1270* (−1.7157)	−0.0947 (−1.2841)
SHR1	−0.1430* (−1.7069)	−0.1580 (−1.1860)	−0.1440* (−1.7051)	−0.1550* (−1.8507)	−0.1550* (−1.8449)	−0.1390* (−1.6691)
PAY	0.0181 (1.0899)	0.0091 (0.3476)	0.0186 (1.1093)	0.0154 (0.9214)	0.0161 (0.9598)	0.0093 (0.5611)
MANAGE	0.9070*** (3.8735)	0.8260*** (2.5856)	0.8610*** (3.6777)	0.8540*** (3.6500)	0.8880*** (3.7862)	0.8190*** (3.5199)
OUT	0.4660** (2.0001)	0.8990** (2.2717)	0.4460* (1.9120)	0.4230* (1.8107)	0.3950* (1.6823)	0.4170* (1.8070)
Constant	−0.0744 (−0.2834)	−0.1160 (−0.2688)	−0.1090 (−0.4057)	0.0147 (0.0550)	−0.0333 (−0.1194)	0.3090 (1.0808)
YEAR	YES	YES	YES	YES	YES	YES
IND	YES	YES	YES	YES	YES	YES
样本量	999	578	999	999	999	999
Within_R^2	0.1987	0.1149	0.1937	0.1950	0.1974	0.2109

注：***、**和*分别表示在1%、5%和10%水平上显著，括号内为T值。

资料来源：笔者采用Stata软件计算整理而得。

第四节　小结

　　本章基于产权理论、信息不对称理论以及市场理论，从政府治理机制和市场治理机制两个方面，分析了外部治理机制对基本关系的调节效应，并以 2013～2020 年中国沪深 A 股商业类国有上市公司为研究样本，采用调节效应检验方法进行回归分析发现：其一，相较于过去管人管事管资产，当前以管资本为主的国资监管更能强化非国有董事"用手投票"的资产保值增值效应；其二，相较于未受到国家审计，受到国家审计的国有企业，其非国有董事治理积极性对国有企业资产保值增值的促进效应更强；其三，相较于受到非国际"四大"社会审计，受到国际"四大"社会审计的国有企业，其非国有董事治理积极性对国有企业资产保值增值的促进效应更强；其四，产品市场竞争程度的提高会强化非国有董事治理积极性对国有企业资产保值增值的促进效应；其五，媒体关注程度的提高会强化非国有董事治理积极性对国有企业资产保值增值的促进效应；其六，分析师关注程度的提高会强化非国有董事治理积极性对国有企业资产保值增值的促进效应。此外，经过多项稳健性检验后，结果依旧支持上述结论，从而增强了本书研究结论的可靠性。

　　本章研究结论将混改国企内部治理机制——非国有董事治理积极性与外部治理机制纳入同一框架来进行分析研究，拓宽了非国有股东参与国企混改的分析框架，丰富了外部治理机制与公司内部治理机制的互动影响关系研究。同时，研究结论不仅能够为政府全面深化国有企业改革，做好国有企业混合所有制改革顶层设计提供思路，同时也能够为政府合理利用政府和市场治理机制，发展混合所有制经济，促进国有企业资产保值增值提供有益启示。

第七章 研究结论、建议与展望

第一节 研究结论

本书以 2013~2020 年中国沪深 A 股商业类国有上市公司为研究样本，以非国有董事的董事会投票行为（具体指投非赞成票行为）代理其治理积极性，理论分析并实证检验了非国有董事治理积极性与国有企业资产保值增值的关系及其影响路径和形成机理，以及治理权力特征和外部治理机制对基本关系的调节效应。研究发现：

首先，非国有董事治理积极性的提高能够有效促进国有企业资产保值增值，即非国有董事通过"用手投票"积极参与混改国有企业治理，能够使国有企业董事会职权充分落实，并凸显了董事会在公司决策过程中所起到的自动纠错功能，从而有效缓解国有企业由于国有产权性质的先天特征以及政治关联而产生的诸多影响，最终推动资产保值增值目标实现。并且，非国有董事通过"用手投票"积极参与混改国有企业治理能够通过降低管理费用率、提高年度股票周转率和提高投资效率来促进国有企业资产保值增值，即减轻代理成本、缓解信息不对称和提升决策有效性是非国有董事治理积极性促进国有企业资产保值增值的重要影响路径。上述研究结论通过多项稳健性检验后依旧成立。进一步地，从公司层面投资者保护视角分析非国有董事治理积极性对国有企业资产保值增值的形成机理发现，公司层面投资者保护弱化了非国有董事治理积极性对国有企业资产保值增值的影响，即公司层面投资者保护水平越低，非国有董事治理积极性的国资保值增值效应越显著，说明非国有董事投票行为是理性的，可以在公司层面投资者保护不足时起到替代作用，从而促进国有企业资产保值增值。

其次，通过回答非国有董事治理权力从何而来、如何规划以及是何表现三个问题，从治理权力基础、治理权力配置以及治理权力协同三方面科学系统地刻画了治理权力特征。其一，治理权力基础对非国有董事治理积极性与国有企业资产保值增值的关系能够产生显著的调节效应，随着股权混合度的增加，非国有董事治理积极性对国有企业资产保值增值的促进效应会强化；随着控制权制衡度的增加，非国有董事治理积极性对国有企业资产保值增值的促进效应会强化。其二，治理权力配置对非国有董事治理积极性与国有企业资产保值增值的关系能够产生显著的调节效应，随着配置集中度的提高，非国有董事治理积极性对国有企业资产保值增值的促进效应会强化；随着配置对等度的提高，非国有董事治理积极性对国有企业资产保值增值的促进效应会强化。其三，治理权力协同对非国有董事治理积极性与国有企业资产保值增值的关系能够产生显著的调节效应，相较于不具有内部协同性，具有内部协同性会强化非国有董事治理积极性对国有企业资产保值增值的促进效应；相较于不具有外部协同性，具有外部协同性会强化非国有董事治理积极性对国有企业资产保值增值的促进效应。上述研究结论通过多项稳健性检验后依旧成立。

最后，依据外部治理机制所属主体从政府治理机制以及市场治理机制两方面展开。一方面，政府治理机制对非国有董事治理积极性与国有企业资产保值增值的关系能够产生显著的调节效应，相较于过去管人管事管资产的国资监管，当前以管资本为主的国资监管更能强化非国有董事治理积极性对国有企业资产保值增值的促进效应；相较于未受到国家审计，受到国家审计的国有企业，其非国有董事治理积极性对国有企业资产保值增值的促进效应更强。另一方面，市场治理机制对非国有董事治理积极性与国有企业资产保值增值的关系能够产生显著的调节效应，相较于受到非国际"四大"社会审计，受到国际"四大"社会审计的国有企业，其非国有董事治理积极性对国有企业资产保值增值的促进效应更强；产品市场竞争程度的提高会强化非国有董事治理积极性对国有企业资产保值增值的促进效应；媒体关注程度的提高会强化非国有董事治理积极性对国有企业资产保值增值的促进效应；分析师关注程度的提高会强化非国有董事治理积极性对国有企业资产保值增值的促进效应。上述研究结论通过多项稳健性检验后依旧成立。

第二节　研究建议

基于以上研究结论，本书提出如下政策建议：

第一，国有企业要在科学设计混合所有制股权安排，实现"混资本"的基础上，不断完善治理机制，依法保障非国有股东提名和委派董事的权利，建立各方积极参与、决策高效的董事会，从而充分发挥非国有董事的治理作用，真正实现"改机制"，同时要尊重非国有董事通过"用手投票"所发出的声音，不断改善包括非国有股东在内的投资者权益保护，促进国有企业资产保值增值。

由于对混合所有制的理解不深刻，将简单的股权多元化与混合所有制混淆，没有进一步从控制权维度认识混合所有制，因此，上阶段混合所有制改革主要仅从股权层次推进，而没有进一步放开控制权，这成为困扰国企改革的关键症结，同时，许多已经进行混合所有制改革的国有企业，与之相适应的治理机制尚未建立或完善，限制了混合所有制应当具有的优势和作用。本书研究结论表明，非国有董事通过"用手投票"积极参与混改国有企业治理，能够使国有企业董事会职权充分落实，并凸显了董事会在公司决策过程中所起到的自动纠错功能，进而有效缓解国有企业由于国有产权性质的先天特征以及政治关联而产生的诸多影响，最终有效促进国有企业资产保值增值。因此，针对国有企业混合所有制改革的首要目标——实现资产保值增值，在新时代背景下，国企混改的重点不能仍放在"混资本"，而应该在于"混资本"之后企业治理结构的改善和经营治理水平的提升，即要在"混资本"基础上，完善股东会与董事会，创新董事制度以及激励约束制度，依法保障非国有股东提名和委派董事的权利，使非国有董事既能够"说得上"也能够"有话说"，并建立各方积极参与、决策高效的董事会，树立和贯彻董事会在公司决策过程中的主体地位，从而有效发挥非国有董事的治理效应，为董事会议案的形成发出差异化、市场化、专业化的声音，有效监督与修正国有企业的管理活动和决策行为，真正实现国有资本和非国有资本"1+1>2"的股权融合效果，完成"改机制"，进而推动资产保值增值目标实现。

此外，本书从公司层面投资者保护视角分析非国有董事治理积极性对国有企业资产保值增值的形成机理，尽管研究结论表明，公司层面投资者保护弱化了非国有董事治理积极性对国有企业资产保值增值的影响，即非国有董事投票行为是理性的，可以切实发挥制衡作用，从而对公司层面投资者保护起到替代作用，有效弥补混改国企投资者保护的不足，但这并不意味着非国有董事只有投非赞成票才是有效治理，也不意味着非国有董事"用手投票"行为总是正确的。相关研究结论启发国有企业应当充分尊重非国有董事通过"用手投票"所发出的声音，积极反思其中反映出来的问题，不断改善包括非国有股东在内的投资者权益保护，只有这样，非国有董事与国有董事才能勠力同心，形成规范、完善和科学的董事会议案，混改国企董事会的治理效率才能进一步提高，引入非国有资本的积极作用才能得到充分发挥，国有股和非国有股的协同效应才能出现，从而促进资产保值增值。

第二，非国有股东在参与国有企业混合所有制改革过程中，特别是存在多个非国有股东时，不仅可以依据其股权和控制权地位维护其自身利益和正当收益，还可以同独立董事同舟共济，同时，在混合所有制企业内，非国有董事要合理使用"用手投票"的权力，充分发挥决策与制衡职能，缓解国有产权性质的先天特征以及政治关联的诸多不利影响。

非国有董事治理权力行使集中表现为董事的"用手投票"行为，参与董事会议案讨论、行使投票权是董事发挥决策和制衡职能的主要方式。其一，非国有董事的治理权力基础是其所代表的非国有股东的股权结构和控制权结构，本书研究结论表明，治理权力基础（股权混合度和控制权制衡度）会对非国有董事治理积极性与国有企业资产保值增值关系产生显著影响。因此，在混改国企董事会中，非国有股东委派董事并不应该作为"橡皮图章"和"花瓶董事"存在，而应该通过合理使用"用手投票"的权力来充分发挥其决策与制衡职能，在董事会中发出差异化、市场化、专业化的声音，限制国有企业内部人的机会主义行为，缓解国有产权性质的先天特征以及政治关联的诸多不利影响，从而贡献其独特的治理效应。其二，股东占据的股权除存在激励效应外，还存在惩罚及约束效应，这是其参与治理的内因，并且公司具体的控制权配置是所有参与者讨价还价的结果，本书研究结论表明，治理权力配置（配置集中度和配置对等度）会对非国有董事治理积极性与国有企业资产保值增值关系产生显著影响。因此，非国有股东在参与国有企业混合所有制改革过程中，可以依据其股权和控制权地位维护其自身利益和正当收益，并且，基于权力是否集中、权责是否对等两方面治理权力配置结果，非国有股东委派董事能够准确识别其决策与监督行为的成本效益，从而合理行使"用手投票"，达成对国企高管的充分制衡。其三，在"一股独大"的国有企业中，独立董事的愿景和目标与非国有董事具有相当程度的相似性，从而二者的投票行为能否协同一致，并加之归属于多个非国有股东的非国有董事内部的投票行为能否协同一致是非国有资本进入后影响混改国企董事会效率的重要因素，本书研究结论表明，治理权力协同（内部协同性和外部协同性）会对非国有董事治理积极性与国有企业资产保值增值关系产生显著影响。因此，多个非国有股东在参与国有企业混合所有制改革过程中，为了维护其自身利益和正当收益，各非国有董事应该携手前行，并同独立董事同舟共济，从而提高在混改国企董事会中的话语权和影响力，减轻国有企业代理成本，提升国有企业透明度和决策有效性。

第三，政府在全面深化国有企业改革进程中，要做好国有企业混合所有制改革顶层设计，并且要合理利用各种政府治理机制和市场治理机制来与混改国企内部治理机制产生互动协同效应，与混合所有制经济形成合力。

相较于上阶段混合所有制改革，新时代背景下的国有企业混合所有制改革具备健全政策和制度体系，实现顶层设计与落地执行相结合的显著特点。其一，从治理机制的政府主体方面看，本书研究结论表明，政府治理机制（国资监管和国家审计）对非国有董事治理积极性与国有企业资产保值增值的关系能够产生显著的调节效应。因此，政府在全面深化国有企业改革进程中，一方面要继续推进当前以管资本为主的国资监管转变，减少过去管人管事管资产等直接行政干预，充分激发非国有董事治理积极性，确立国有企业市场化主体地位，促进资产保值增值；另一方面要加强对国有企业混改贯彻落实情况的跟踪审计，督促国有企业科学制定与优化混合所有制改革的实施细则，切实提高国企混改的实际效果。其二，从治理机制的市场主体方面看，本书研究结论表明，市场治理机制（社会审计、产品市场竞争、媒体关注和分析师关注）对非国有董事治理积极性与国有企业资产保值增值的关系能够产生显著的调节效应。因此，在全面深化国有企业改革进程中，首先政府要发挥鉴证市场的促进作用，充分利用社会审计与混改国企内部治理机制——非国有董事"用手投票"的互补效应，发现和纠正国有企业内部人应计盈余管理或者真实盈余管理行为，提升混改国企的会计信息质量和内部控制质量，缓解信息不对称。其次政府要发挥产品市场的促进作用，充分利用产品市场竞争与混改国企内部治理机制——非国有董事"用手投票"的互补效应，形成市场化的运作机制和管理模式，收紧国有企业的预算软约束程度，从而提升混改国企的薪酬业绩敏感性，激发国有企业治理层和管理层的行动效率和市场化程度，进而促进国有企业资产保值增值。然后政府要发挥舆论市场的促进作用，充分利用媒体关注与混改国企内部治理机制——非国有董事"用手投票"的互补效应，以媒体关注倒逼国有企业建立更加完善、透明的信息披露制度，并通过媒体报道产生的示范效应和外溢效应提高社会和政府的监督效率，限制国有企业的非市场化机制以及内部人的机会主义行为，进而促进国有企业资产保值增值。最后政府要发挥资本市场的促进作用，充分利用分析师关注与混改国企内部治理机制——非国有董事"用手投票"的互补效应，以分析师为纽带增强广大投资者了解和参与混改国有企业治理的意愿，并建立或完善股东会制度和集体诉讼制度，从而提高国有企业的信息透明度，增强资本市场对国有企业内部人的监督力度，进而促进国有企业资产保值增值。

第三节　研究展望

本书以2013~2020年中国沪深A股商业类国有上市公司为研究样本，理论分析并实证检验了非国有董事治理积极性与国有企业资产保值增值的关系及其影响路径和形成机理，以及治理权力特征和外部治理机制对基本关系的调节效应。受限于个人能力、研究设计及数据获得等主客观条件，本书有待今后继续完善。

第一，非国有董事治理积极性测度指标的丰富或改进。本书以非国有董事的董事会投票行为（具体指投非赞成票行为）代理其治理积极性，在绪论中已经就非国有董事"用手投票"，特别是投非赞成票行为体现的治理积极性进行了充分阐述：一方面考虑到非国有股东参与国企混改并不能频繁通过资本运作来"用脚投票"，因此，非国有董事"用手投票"是其应对风险或达成非国有股东目标偏好的主要途径；另一方面考虑到在中国"任人唯亲"的董事会文化与"以和为贵"的传统观念下，董事会成员一般情况下不会对管理层的行动提出公开挑战而投非赞成票，从而董事投非赞成票的行为能够直接反映该董事的治理积极性。但是，上述测度思路仍旧存在两个主要缺陷：其一，仅涉及非国有董事"用手投票"一个维度，可能无法反映非国有董事治理积极性的全貌；其二，是否意味着非国有董事只有投非赞成票才是有效治理，是否意味着非国有董事只有频繁投非赞成票才是积极治理。因此，在未来的学习工作中，可以对非国有董事治理积极性测度指标进行丰富或改进，譬如尝试多个维度刻画非国有董事治理积极性，增加非国有董事出席会议的频数等维度，同时深入挖掘非国有董事投非赞成票的具体议案内容和反对理由等，以期增强核心概念的科学性和研究结论的可靠性。

第二，"用手投票"与"用脚投票"的有效性比较。本书基于董事会决策视角，以非国有董事的"用手投票"行为代理其治理积极性进行理论分析与实证检验，在前文绪论中已经就非国有股东参与混改国有企业治理的途径以及为何以"用手投票"为主要讨论方面进行了充分阐述：一方面考虑到向混合所有制企业委派董事并参与决策监督成为非国有股东参与混改国有企业治理的重要形式，另一方面考虑到非国有股东参与国企混改并不能频繁通过资本运作来"用脚投票"。但是，成熟的、高质量的国有企业混合所有制改革在引入非国有资本的过程中应该具备平等自愿、有序进退的特点，从而非国有股东"用脚投票"也是其维护自身权益的重要途径之一。对于混改国企而言，实力雄厚的高质量非国有资本的退出，甚至仅是"尝试退出"就能够督促国有企业进行积极调整。因此，在未来的学习工作中，待相关研究数据丰富后可以尝试对"用手投票"与"用脚投票"的有效性进行比较，以期全面认识非国有股东参与国企混改的治理效应。

第三，治理权力特征与外部治理机制对基本关系的影响路径及其有效性差异。本书从治理权力基础、治理权力配置以及治理权力协同三方面科学系统地刻画了治理权力特征并分析了其调节效应，同时依据所属主体从政府治理机制以及市场治理机制两方面分析了其调节效应。但是，本书并未对各治理权力特征与外部治理机制发挥作用的影响路径进行深入探讨，也没有对其有效性进行比较，仍旧无法完全厘清各治理权力特征与外部治理机制与非国有董事治理积极性的互动关系，这为之后的研究提供了较大空间。因此，在未来的学习工作中，可以就治理权力特征与外部治理机制对基本关系的影响路径及其有效性差异进行进一步分析，以期深入了解各治理权力特征与外部治理机制发挥作用的内在机制及其异同，以期丰富和拓展现有的研究结论，提出更具有针对性和实践性的政策建议。

参考文献

［1］白永秀，徐鸿．提高国有资产保值与增值能力的关键［J］．经济纵横，2001（6）：2-5.

［2］白重恩，路江涌，陶志刚．国有企业改制效果的实证研究［J］．经济研究，2006（8）：4-13+69.

［3］北京工商大学"会计与投资者保护"项目组．会计的投资者保护功能及评价［J］．会计研究，2014（4）：34-41+95.

［4］卜君，孙光国．国资监管职能转变与央企高管薪酬业绩敏感性［J］．经济管理，2021，43（6）：117-135.

［5］财政部财政科研所课题组．国有企业资产流失问题研究［J］．财政研究，2003（11）：29-33.

［6］蔡贵龙，柳建华，马新啸．非国有股东治理与国企高管薪酬激励［J］．管理世界，2018，34（5）：137-149.

［7］蔡贵龙，卢锐，马新啸．非国有股东委派董事与国有上市公司财务重述［J］．中山大学学报（社会科学版），2021，61（1）：185-195.

［8］蔡贵龙，郑国坚，马新啸，卢锐．国有企业的政府放权意愿与混合所有制改革［J］．经济研究，2018，53（9）：99-115.

［9］曹裕．产品市场竞争、控股股东倾向和公司现金股利政策［J］．中国管理科学，2014，22（3）：141-148.

［10］陈仕华，卢昌崇．国有企业党组织的治理参与能够有效抑制并购中的"国有资产流失"吗？［J］．管理世界，2014（5）：106-120.

［11］陈宋生，陈海红，潘爽．审计结果公告与审计质量——市场感知和内

隐真实质量双维视角［J］．审计研究，2014（2）：18-26.

［12］陈晓珊．高管薪酬激励与产品市场竞争的公司治理效应：替代还是互补［J］．人文杂志，2017（9）：46-57.

［13］陈艳利，姜艳峰．非国有股东治理与股利平稳性——基于竞争性国有控股上市公司的经验证据［J］．中南财经政法大学学报，2020（2）：37-47.

［14］陈艳利，姜艳峰．国有资本授权经营是否有助于缓解国有企业非效率投资？［J］．经济与管理研究，2021，42（8）：124-144.

［15］陈艳利，徐同伟，弓锐．国有资本经营预算对国有企业经营绩效的影响研究——来自央企控股上市公司的经验证据［J］．财务研究，2016（5）：57-67.

［16］陈莹，林斌，何漪漪，林东杰．内部审计、治理机制互动与公司价值——基于上市公司问卷调查数据的研究［J］．审计研究，2016（1）：101-107.

［17］陈余有．国有资产保值增值会计计量问题的探讨［J］．会计研究，1995（10）：7-9.

［18］程博．分析师关注与企业环境治理——来自中国上市公司的证据［J］．广东财经大学学报，2019，34（2）：74-89.

［19］池国华，郭芮佳，王会金．政府审计能促进内部控制制度的完善吗——基于中央企业控股上市公司的实证分析［J］．南开管理评论，2019，22（1）：31-41.

［20］楚序平．正确推进国有企业改革［J］．现代国企研究，2014（8）：22-26.

［21］褚剑，方军雄．政府审计能够抑制国有企业高管超额在职消费吗？［J］．会计研究，2016（9）：82-89.

［22］褚剑，方军雄．政府审计能提升中央企业内部控制有效性吗？［J］．会计与经济研究，2018，32（5）：18-39.

［23］醋卫华，李培功．媒体监督公司治理的实证研究［J］．南开管理评论，2012，15（1）：33-42.

［24］戴魁早，黄姿，俞志永．"一带一路"倡议缓解了参与企业的融资约束吗？——基于信息不对称视角的研究［J］．中南财经政法大学学报，2021（6）：93-104.

［25］窦炜，刘星，韩晓宇．控制权配置、投资者保护与投资效率——一个关于企业投资行为研究的综述［J］．中央财经大学学报，2015（1）：63-70.

［26］独正元，吴秋生．非国有股东治理与国有企业资产保值增值［J］．统计学报，2020，1（1）：82-94.

［27］杜晓君．上市公司中小股东利益保障机制［J］．经济问题，2002（1）：28-29.

［28］杜媛，董文婷，蒋雪桐．产品市场竞争优势与双重股权结构选择——基于外部股东视角［J］．会计研究，2021（6）：91-103.

［29］杜运潮．混合所有制企业公司治理能力对资本管理的影响研究［D］．武汉：武汉理工大学，2017.

［30］段梦然，王玉涛，徐瑞遥．两职分离背景下高管权力差距与投资效率［J］．管理评论，2021，33（8）：196-210.

［31］段远刚．在国有企业混合所有制改革中防范国有资产流失［J］．前线，2017（9）：41-45.

［32］方红星，刘丹．内部控制质量与审计师变更——来自我国上市公司的经验证据［J］．审计与经济研究，2013，28（2）：16-24.

［33］方军雄，洪剑峭，李若山．我国上市公司审计质量影响因素研究：发现和启示［J］．审计研究，2004（6）：35-43.

［34］冯埃生．混合所有制、企业性质和冗余雇员［J］．云南社会科学，2016（3）：84-87.

［35］傅春杨，陆江源．国有资产增长状况研究——基于资产盈利与资产价格上涨的视角［J］．企业经济，2018，37（3）：29-36.

［36］高杰英，褚冬晓，廉永辉，郑君．ESG表现能改善企业投资效率吗？［J］．证券市场导报，2021（11）：24-34+72.

［37］高明华．建立不同利益主体间制衡机制［J］．国企管理，2018（9）：24-26.

［38］高明华，杜雯翠，谭玥宁，苏然．关于发展混合所有制经济的若干问题［J］．政治经济学评论，2014，5（4）：122-139.

［39］高明华，郭传孜．混合所有制发展、董事会有效性与企业绩效［J］．经济与管理研究，2019，40（9）：114-134.

［40］耿云江，马影．非国有大股东对国企超额雇员的影响：成本效应还是激励效应［J］．会计研究，2020（2）：154-165．

［41］顾露露，韩至杰，王雨薇．媒体报道、管理者薪酬与企业投资效率［J］．统计与决策，2020，36（16）：168-171．

［42］郭建鸾，简晓彤．分析师的外部监督效应——来自企业高管在职消费的证据［J］．中央财经大学学报，2021（2）：73-88．

［43］郭金花，杨瑞平．国家审计能促进国有企业全要素生产率增长吗？［J］．审计与经济研究，2020，35（5）：1-9．

［44］郭檬楠．国家审计、协同监督与国企资产保值增值［D］．太原：山西财经大学，2020．

［45］郭檬楠，郭金花，王婉婷．基于资产保值增值的国企审计和巡视频度安排与协同［J］．南京审计大学学报，2020，17（6）：20-27．

［46］郭檬楠，李校红．内部控制、社会审计与企业全要素生产率：协同监督抑或互相替代［J］．统计与信息论坛，2020，35（11）：77-84．

［47］郭檬楠，倪静洁．基于资产保值增值的国企审计内容组合研究［J］．南京审计大学学报，2019，16（4）：1-10．

［48］郭檬楠，倪静洁．内部控制对国企资产保值增值的影响研究——国家审计的协同治理效应［J］．软科学，2021，35（2）：79-84．

［49］郭檬楠，宋璐，郭飞．社会审计质量、国家审计监督与国企资产保值增值［J］．审计与经济研究，2021，36（2）：11-18．

［50］郭檬楠，吴秋生．国家审计全覆盖、国资委职能转变与国有企业资产保值增值［J］．审计研究，2018（6）：25-32．

［51］郭檬楠，吴秋生．国企审计全覆盖促进了国有资产保值增值吗？——兼论国资委国企监管职能转变的调节效应［J］．上海财经大学学报，2019，21（1）：51-63．

［52］郭晔，黄振，姚若琪．战略投资者选择与银行效率——来自城商行的经验证据［J］．经济研究，2020，55（1）：181-197．

［53］洪正，袁齐．非国有股东治理与国企分红——兼论混合所有制改革［J］．商业研究，2019（1）：39-48．

［54］胡锋，石涛．以管资本为主加强国资监管的路径研究［J］．湖湘论

坛，2019，32（2）：153-159.

［55］胡改蓉．经营性国有资产流失认定的偏差与制度修正［J］．政治与法律，2017（12）：148-160.

［56］胡玉玲．国有资本保值存在的问题及对策分析［J］．财会通讯，2011（32）：97-99.

［57］花冯涛，王进波，尚俊松．股权结构、产品市场竞争与公司特质风险——基于深沪 A 股的经验证据［J］．山西财经大学学报，2017，39（10）：100-112.

［58］黄速建．中国国有企业混合所有制改革研究［J］．经济管理，2014，36（7）：1-10.

［59］贾生华，陈文强．国有控股、市场竞争与股权激励效应——基于倾向得分匹配法的实证研究［J］．浙江大学学报（人文社会科学版），2015，45（5）：101-118.

［60］蒋铁柱，陈强．表决权集合：上市公司中小股东权益保护的有效途径［J］．社会科学，2004（12）：17-23.

［61］李春玲，袁润森，孙熠．非国有股东治理与国企创新投入［J］．预测，2021，40（1）：38-44.

［62］李海霞，王振山．CEO 权力与公司风险承担——基于投资者保护的调节效应研究［J］．经济管理，2015，37（8）：76-87.

［63］李建标，王高阳，李帅琦，殷西乐．混合所有制改革中国有和非国有资本的行为博弈——实验室实验的证据［J］．中国工业经济，2016（6）：109-126.

［64］李江涛，曾昌礼，徐慧．国家审计与国有企业绩效——基于中国工业企业数据的经验证据［J］．审计研究，2015（4）：47-54.

［65］李梅，蔡昌，倪筱楠．大股东减持、分析师关注与公司盈余管理［J］．山西财经大学学报，2021，43（9）：111-126.

［66］李明敏．非国有股东的董事会权力对混改国企资产保值增值的作用机理［D］．西安：西安理工大学，2020.

［67］李明敏，李秉祥，惠祥．异质股东控制权配置对企业混改绩效的影响——基于股东资源与治理结构双视角［J］．预测，2020，39（1）：26-34.

［68］李培功，沈艺峰．经理薪酬、轰动报道与媒体的公司治理作用［J］．管理科学学报，2013，16（10）：63-80.

［69］李涛，方江燕．党组织建设与企业资产保值增值研究——基于混合所有制企业的经验证据［J］．南方金融，2021（9）：32-43.

［70］李维安．深化国企改革与发展混合所有制［J］．南开管理评论，2014，17（3）：1.

［71］李维安，唐跃军．上市公司利益相关者治理机制、治理指数与企业业绩［J］．管理世界，2005（9）：127-136.

［72］李维安，徐建．董事会独立性、总经理继任与战略变化幅度——独立董事有效性的实证研究［J］．南开管理评论，2014，17（1）：4-13.

［73］李小平．EVA：国有资产保值增值的新概念［J］．经济学家，2005（1）：68-73.

［74］李小青，贾岩冰，陈阳阳．"混改"国企股权结构、董事会配置与创新绩效［J］．科技进步与对策，2020，37（12）：82-89.

［75］李校红，郭檬楠．大股东持股、国家审计与国有企业资产保值增值——来自中央企业控股上市公司的经验证据［J］．东岳论丛，2020，41（12）：146-155+192.

［76］李增福，黄家惠，连玉君．非国有资本参股与国企技术创新［J］．统计研究，2021，38（1）：119-131.

［77］梁利辉，陈一君．投资者保护与会计稳健性——基于投资者保护时期与区域维度的研究［J］．中南财经政法大学学报，2014（4）：88-96.

［78］梁权熙，曾海舰．独立董事制度改革、独立董事的独立性与股价崩盘风险［J］．管理世界，2016（3）：144-159.

［79］廖飞梅，万寿义，叶松勤．混合所有制改革影响企业费用粘性吗？［J］．经济体制改革，2020（5）：93-98.

［80］廖红伟，杨良平．以管资本为主新型监管体制下的国有企业深化改革研究［J］．学习与探索，2018（12）：125-132.

［81］廖志超，王建新．混合所有制改革程度对国有企业资产保值增值的影响研究［J］．湖南科技大学学报（社会科学版），2021，24（1）：126-135.

［82］林钟高，陈曦．分析师跟踪、内部控制缺陷与机构投资者持股［J］．

南京审计大学学报，2017，14（5）：22-34.

［83］凌士显，白锐锋．媒体监督、董事会治理与保险公司代理成本——基于我国股份制保险公司经验数据的实证检验［J］．保险研究，2017（4）：91-101.

［84］刘柏，琚涛．"事前震慑"与"事后纠偏"：分析师关注对财务错报和重述的跨期监管研究［J］．南开管理评论，2021，24（1）：50-61+73-75+96.

［85］刘诚达．混合所有制企业大股东构成与企业绩效——基于企业规模门槛效应的实证检验［J］．现代财经（天津财经大学学报），2019，39（6）：15-26.

［86］刘桂香，王百强，王柏平．独立董事的独立性影响因素及治理效果研究——基于董事会投票的证据［J］．科学决策，2014（1）：15-26.

［87］刘汉民，齐宇，解晓晴．股权和控制权配置：从对等到非对等的逻辑——基于央属混合所有制上市公司的实证研究［J］．经济研究，2018，53（5）：175-189.

［88］刘家义．论国家治理与国家审计［J］．中国社会科学，2012（6）：60-72+206.

［89］刘家义．依法履行审计监督职责［J］．求是，2015（1）：15-16.

［90］刘瑾，谢丽娜，林斌．管理层权力与国企高管腐败——基于政府审计调节效应的研究［J］．审计与经济研究，2021，36（2）：1-10.

［91］刘琳晨，陈暮紫，吴武清．独立董事的高管背景与"独立性"——基于董事会投票的经验证据［J］．南开经济研究，2019（6）：199-218.

［92］刘世林．论经济责任审计的近期效果目标［J］．审计与经济研究，2003（6）：20-23.

［93］刘小玄，李寿喜．转轨过程中混合股权公司的相对效率——中国电子电器制造业2000—2004经验数据分析［J］．世界经济文汇，2007（2）：58-71.

［94］刘云华．股东投票权差异性分析［J］．华东经济管理，2003（1）：50-52.

［95］刘运国，郑巧，蔡贵龙．非国有股东提高了国有企业的内部控制质量吗？——来自国有上市公司的经验证据！［J］．会计研究，2016（11）：61-68+96.

［96］刘志强．产品市场竞争、高管薪酬-业绩敏感性与公司价值［J］．经济问题探索，2015（7）：183-190.

［97］卢馨，丁艳平，汪柳希．经理人市场化能抑制国企高管腐败吗？——经理人市场竞争对公司高管权力和行为约束效应分析［J］．商业研究，2017（1）：126-134.

［98］罗飞．基于"小金库"视角的国有企业国有资产流失问题研究［J］．中央财经大学学报，2012（7）：20-25+43.

［99］罗喜英，刘伟．政治关联与企业环境违规处罚：庇护还是监督——来自 IPE 数据库的证据［J］．山西财经大学学报，2019，41（10）：85-99.

［100］吕荣杰，郝力晓，吴超．明星独董的监督是否更尽职［J］．现代财经（天津财经大学学报），2017，37（4）：102-113.

［101］马可哪呐，唐凯桃，郝莉莉．社会审计监管与资本市场风险防范研究——基于股价崩盘风险的视角［J］．山西财经大学学报，2016，38（8）：25-34.

［102］马连福，王丽丽，张琦．混合所有制的优序选择：市场的逻辑［J］．中国工业经济，2015（7）：5-20.

［103］马连福，王元芳，沈小秀．国有企业党组织治理、冗余雇员与高管薪酬契约［J］．管理世界，2013（5）：100-115+130.

［104］马轶群，倪敏，李勇五．"一带一路"倡议、国有企业境外投资风险和国家审计治理［J］．山西财经大学学报，2020，42（7）：114-126.

［105］马勇，王满，马影，彭博．非国有大股东影响国企审计师选择吗？［J］．审计与经济研究，2019，34（2）：19-30.

［106］马勇，王满，彭博．非国有股东委派董事对国企并购绩效的影响研究［J］．现代财经（天津财经大学学报），2020，40（5）：20-40.

［107］毛新述．国有企业混合所有制改革：现状与理论探讨［J］．北京工商大学学报（社会科学版），2020，35（3）：21-28.

［108］潘越，翁若宇，刘思义．私心的善意：基于台风中企业慈善捐赠行为的新证据［J］．中国工业经济，2017（5）：133-151.

［109］庞廷云，罗福凯，李启佳．混合股权影响企业融资约束吗——来自中国上市公司的经验证据［J］．山西财经大学学报，2019，41（5）：94-107.

[110] 戚聿东，张任之．新时代国有企业改革如何再出发？——基于整体设计与路径协调的视角［J］．管理世界，2019，35（3）：17-30.

[111] 祁怀锦，刘艳霞，王文涛．国有企业混合所有制改革效应评估及其实现路径［J］．改革，2018（9）：66-80.

[112] 綦好东，郭骏超，朱炜．国有企业混合所有制改革：动力、阻力与实现路径［J］．管理世界，2017（10）：8-19.

[113] 钱红光，刘岩．混合所有制、股权结构对公司绩效的影响［J］．统计与决策，2019，35（23）：185-188.

[114] 秦荣生．国家审计职责的界定：责任关系的分析［J］．审计与经济研究，2011，26（2）：3-8.

[115] 屈晶．产品市场竞争与大股东利益侵占行为的实证研究［J］．新疆大学学报（哲学·人文社会科学版），2019，47（3）：1-9.

[116] 权小锋，吴世农，文芳．管理层权力、私有收益与薪酬操纵［J］．经济研究，2010，45（11）：73-87.

[117] 任广乾，冯瑞瑞，田野．混合所有制、非效率投资抑制与国有企业价值［J］．中国软科学，2020（4）：174-183.

[118] 邵学峰，孟繁颖．国有资产流失与所有者主体缺位：由"公地经济"引发的思考［J］．经济与管理研究，2007（4）：48-52.

[119] 沈昊，杨梅英．混改条件下股权结构与国资监管方式的选择——基于多案例角度研究［J］．管理评论，2020，32（3）：323-336.

[120] 沈红波，张金清，张广婷．国有企业混合所有制改革中的控制权安排——基于云南白药混改的案例研究［J］．管理世界，2019，35（10）：206-217.

[121] 盛毅．新一轮国有企业混合所有制改革的内涵与特定任务［J］．改革，2020（2）：125-137.

[122] 施松青，叶笃银．对国有资产保值增值若干问题的思考［J］．浙江社会科学，1999（3）：53-55.

[123] 粟立钟，王峰娟，赵婷婷．国资管理体制：文献回顾和未来设想［J］．北京工商大学学报（社会科学版），2015，30（3）：10-19.

[124] 孙姝，钱鹏岁，姜薇．非国有股东对国有企业非效率投资的影响研

究——基于国有上市企业的经验数据［J］. 华东经济管理，2019，33（11）：134-141.

［125］汤泰劼，吴金妍，马新啸，宋献中. 非国有股东治理与审计收费——基于国有企业混合所有制改革的经验证据［J］. 审计研究，2020（1）：68-77.

［126］汤媛媛，杨春. 中央企业境外资产监管与风险防范［J］. 当代经济研究，2017（3）：84-89.

［127］唐方方，高玥. 独立董事投票行为影响因素的作用机理分析［J］. 管理现代化，2013（3）：47-49.

［128］唐清泉，罗党论. 设立独立董事的效果分析——来自中国上市公司独立董事的问卷调查［J］. 中国工业经济，2006（1）：120-127.

［129］唐清泉，罗党论，王莉. 上市公司独立董事辞职行为研究——基于前景理论的分析［J］. 南开管理评论，2006（1）：74-83.

［130］唐雪松，申慧，杜军. 独立董事监督中的动机——基于独立意见的经验证据［J］. 管理世界，2010（9）：138-149.

［131］唐跃军，谢仍明. 大股东制衡机制与现金股利的隧道效应——来自1999—2003年中国上市公司的证据［J］. 南开经济研究，2006（1）：60-78.

［132］唐跃军，徐飞. 独立董事保护了中小股东权益吗？——基于中国上市公司投票机制的研究［J］. 经济管理，2007（7）：42-47.

［133］田高良，封华，于忠泊. 资本市场中媒体的公司治理角色研究［J］. 会计研究，2016（6）：21-29+94.

［134］田祥宇. 加强国有企业内部控制保持国有资产安全完整［J］. 经济问题，2003（10）：32-33.

［135］汪平，邹颖，兰京. 异质股东的资本成本差异研究——兼论混合所有制改革的财务基础［J］. 中国工业经济，2015（9）：129-144.

［136］王爱群，刘耀娜. 非控股大股东退出威胁与创新投资——基于产品市场竞争程度与财富集中度的研究［J］. 华东经济管理，2021，35（5）：47-60.

［137］王兵，鲍圣婴，阚京华. 国家审计能抑制国有企业过度投资吗？［J］. 会计研究，2017（9）：83-89+97.

［138］王春燕，褚心，朱磊. 非国有股东治理对国企创新的影响研究——基于混合所有制改革的证据［J］. 证券市场导报，2020（11）：23-32.

［139］王东清，刘艳辉．产品市场竞争、管理层权力与薪酬辩护［J］．财经理论与实践，2016，37（4）：105-110.

［140］王桂莲．强化国有企业风险管理，实现国有资产保值、增值［J］．当代经济研究，2005（2）：57-59.

［141］王国兵．国有企业内部人控制与国有资产流失：一个合谋的视角［J］．江汉论坛，2007（4）：35-38.

［142］王冀宁，刘玉灿．控股股东侵占机理与国有资产侵占案研究［J］．求索，2006（8）：1-4.

［143］王景升．国有资产流失的原因分析［J］．财经问题研究，1998（9）：29-31.

［144］王婧，蓝梦．混合所有制改革与国企创新效率——基于SNA视角的分析［J］．统计研究，2019，36（11）：90-103.

［145］王丽娟，耿怡雯．控制权、社会审计与高管腐败［J］．南京审计大学学报，2019，16（1）：19-27.

［146］王美英，陈宋生，曾昌礼，曹源．混合所有制背景下多个大股东与风险承担研究［J］．会计研究，2020（2）：117-132.

［147］王平，刘璐．董事会决策机制选择：静态投票机制和序贯投票机制［J］．经济问题，2010（10）：69-72.

［148］王曙光，冯璐，徐余江．混合所有制改革视野的国有股权、党组织与公司治理［J］．改革，2019（7）：27-39.

［149］王曙光，王天雨．国有资本投资运营公司：人格化积极股东塑造及其运行机制［J］．经济体制改革，2017（3）：116-122.

［150］王言，周绍妮，宋夏子．中国独立董事："咨询"、"监督"还是"决策"？——兼论独立董事特征对履职的调节效应［J］．北京交通大学学报（社会科学版），2019，18（4）：79-92.

［151］王彦超，赵璨．社会审计、反腐与国家治理［J］．审计研究，2016（4）：40-49.

［152］王艳艳，王迪，李文涛．政府审计官员任期会影响国家审计效率吗？——基于国有资产保值增值的经验证据［J］．厦门大学学报（哲学社会科学版），2020（2）：105-117.

［153］王运陈，左年政，谢璇．混合所有制改革如何提高国有企业竞争力？
［J］．经济与管理研究，2020，41（4）：49-61.

［154］温忠麟．张雷，侯杰泰，刘红云．中介效应检验程序及其应用［J］．
心理学报，2004（5）：614-620.

［155］吴琳芳，吕振伟，曹少鹏，刘双．非国有股东参与治理与国企过度投
资［J］．会计之友，2019（24）：153-158.

［156］吴秋生，独正元．混合所有制改革程度、政府隐性担保与国企过度负
债［J］．经济管理，2019，41（8）：162-177.

［157］吴秋生，郭檬楠．国家审计督促国企资产保值增值的功能及其实现路
径——基于十九大关于国企与审计管理体制改革要求的研究［J］．审计与经济
研究，2018，33（5）：12-20.

［158］吴秋生，郭檬楠．国家审计"监"与"督"对国有企业资产保值增
值的影响［J］．财经理论与实践，2018，39（5）：95-101.

［159］吴秋生，黄贤环．财务公司的职能配置与集团成员上市公司融资约束
缓解［J］．中国工业经济，2017（9）：156-173.

［160］吴先聪，郑国洪．媒体关注对大股东违规减持有监督作用吗？［J］．
外国经济与管理，2021，43（11）：86-103.

［161］伍中信．谈谈产权结构下的会计监督［J］．财会月刊，1997
（5）：21-22.

［162］夏冰，吴能全．国资监管体制变迁下公司治理水平对混合所有制企业
高质量发展影响研究——基于资本属性视角［J］．预测，2020，39（4）：1-7.

［163］向东，余玉苗．国有企业引入非国有资本对投资效率的影响［J］．
经济管理，2020，42（1）：25-41.

［164］谢海洋，曹少鹏，孟欣．混合所有制改革实践与企业绩效——基于非
国有股东派任董监高的中介效应［J］．华东经济管理，2018，32（9）：123-131.

［165］谢海洋，曹少鹏，秦颖超．股权制衡、非国有股东委派董事与公司绩
效［J］．财经理论与实践，2018，39（3）：76-82.

［166］辛蔚，和军．国企混合所有制改革收益、成本与优化路径［J］．政
治经济学评论，2019，10（5）：101-116.

［167］辛志红，胡培．上市公司大股东治理下的股权制衡与中小股东权益保

护 [J]．经济体制改革，2003（4）：134-136.

[168] 熊海斌．股东委托投票制度：中外现状与改革思路 [J]．湖南师范大学（社会科学学报），2002（4）：66-70.

[169] 徐传谌，孟繁颖．国有资产流失成因及治理对策研究 [J]．经济体制改革，2007（1）：54-57.

[170] 徐文进．"管资本"功能视角下国有资本投资运营公司研究 [J]．东吴学术，2020（5）：123-128.

[171] 徐祯，陈亚民．我国上市公司独立董事"用手投票"行为研究 [J]．华东经济管理，2018，32（5）：140-148.

[172] 许婴鹏，郭雪萌．分析师关注能遏制高管交易获利吗？[J]．财经论丛，2016（11）：75-83.

[173] 许瑜，冯均科，杨菲．媒体关注、内部控制有效性与企业创新绩效 [J]．财经论丛，2017（12）：88-96.

[174] 闫学文，刘澄，韩锟，卢蕙，胡浩，刘祥东．基于价值导向的内部审计评价体系研究：理论、模型及应用 [J]．审计研究，2013（1）：62-69.

[175] 阎红玉，周敏．企业国有资产保值增值审计初探 [J]．财会通讯，1996（1）：23-24.

[176] 杨波．谨防海外并购过程中的国有资产流失 [J]．宏观经济研究，2014（10）：3-7+34.

[177] 杨德明，赵璨．媒体监督、媒体治理与高管薪酬 [J]．经济研究，2012，47（6）：116-126.

[178] 杨典．效率逻辑还是权力逻辑公司政治与上市公司 CEO 强制离职 [J]．社会，2012，32（5）：151-178.

[179] 杨婧，许晨曦．产品市场竞争、内部治理与内部控制缺陷认定标准 [J]．会计研究，2020（6）：158-170.

[180] 杨丽萍，郭凤珍，谌永和．强化财务管理　促进国有资产保值增值 [J]．商业研究，1999（6）：8-10.

[181] 杨卫武，李瑶亭．防范国有资产流失的会计制度研究 [J]．上海师范大学学报（哲学社会科学版），2007（6）：41-47.

[182] 杨兴全，任小毅，杨征．国企混改优化了多元化经营行为吗？[J]．

会计研究，2020（4）：58-75.

［183］杨萱．国有企业混合所有制改革治理效应问题研究［D］．中南财经政法大学，2018.

［184］杨萱．混合所有制改革提升了国有企业绩效吗？［J］．经济体制改革，2019（6）：179-184.

［185］杨志强，李增泉．混合所有制、环境不确定性与投资效率——基于产权专业化视角［J］．上海财经大学学报，2018，20（2）：4-24.

［186］杨志强，石水平，石本仁，曹鑫雨．混合所有制、股权激励与融资决策中的防御行为——基于动态权衡理论的证据［J］．财经研究，2016，42（8）：108-120.

［187］杨茁．政府审计在国有企业改革中的职能弱化及其修正和创新［J］．审计研究，2007（2）：21-23.

［188］姚云，于换军．国外公司治理研究的回顾：国家、市场和公司的视角［J］．金融评论，2019，11（3）：92-109+126.

［189］叶康涛，祝继高，陆正飞，张然．独立董事的独立性：基于董事会投票的证据［J］．经济研究，2011，46（1）：126-139.

［190］应千伟，杨善烨，张怡．腐败治理与国有企业代理成本［J］．中山大学学报（社会科学版），2020，60（6）：179-190.

［191］于震，丁尚宇．银行预期与中国经济周期波动［J］．西安交通大学学报（社会科学版），2019，39（5）：49-59.

［192］于忠泊，田高良，张咏梅，曾振．会计稳健性与投资者保护：基于股价信息含量视角的考察［J］．管理评论，2013，25（3）：146-158.

［193］袁超娟．强化财务管理促进国有资产的保值与增值［J］．中外企业家，2016（1）：140+149.

［194］袁蓉丽，何鑫，李百兴，杨志慧．累积投票制和股东积极主义——基于格力电器董事选举的案例分析［J］．财务与会计，2016（19）：31-33.

［195］袁知柱，宝乌云塔娜，王书光．股权价值高估、投资者保护与企业应计及真实盈余管理行为选择［J］．南开管理评论，2014，17（5）：136-150.

［196］曾军，董博，陈红．高管强制变更、分析师跟踪与企业创新投入［J］．会计与经济研究，2020，34（1）：38-51.

［197］曾诗韵，蔡贵龙，程敏英．非国有股东能改善会计信息质量吗？——来自竞争性国有上市公司的经验证据［J］．会计与经济研究，2017，31（4）：28-44．

［198］张斌，李宏兵，陈岩．所有制混合能促进企业创新吗？——基于委托代理冲突与股东间冲突的整合视角［J］．管理评论，2019，31（4）：42-57．

［199］张超，刘星．内部控制缺陷信息披露与企业投资效率——基于中国上市公司的经验研究［J］．南开管理评论，2015，18（5）：136-150．

［200］张程睿．公司信息披露对投资者保护的有效性——对中国上市公司2001—2013年年报披露的实证分析［J］．经济评论，2016（1）：132-146．

［201］张凤林．寻求治理国资流失的根本途径［J］．经济学家，1999（6）：27-32．

［202］张横峰．媒体报道、会计稳健性与控制权私有收益［J］．江西社会科学，2017，37（3）：84-90．

［203］张宏亮，王靖宇．公司层面的投资者保护能降低股价崩盘风险吗？［J］．会计研究，2018（10）：80-87．

［204］张宏亮，王瑶，王靖宇．外部审计师与独立董事之间的社会关系是否影响审计质量［J］．审计研究，2019（4）：92-100．

［205］张虎，余稳策．内部治理因素与委托代理因素对境外国有资产流失的影响［J］．经济体制改革，2017（6）：161-165．

［206］张惠琴，杨瑚．境外资产风险导向内部审计战略体系构建研究——基于防范国有资产流失视角［J］．北京工业大学学报（社会科学版），2017，17（3）：23-29．

［207］张家贞，杨斌，温军．构建国有资产流失的制度屏障［J］．宏观经济管理，2008（4）：66-68．

［208］张嘉兴，傅绍正．内部控制、注册会计师审计与盈余管理［J］．审计与经济研究，2014，29（2）：3-13．

［209］张建平，张嵩珊．党组巡视能有效督促国企资产保值增值吗［J］．财会月刊，2019（12）：44-52．

［210］张立民，邢春玉，温菊英．国有企业政治关联、政府审计质量和企业绩效——基于我国A股市场的实证研究［J］．审计与经济研究，2015，30

（5）：3-14.

［211］张梦雯，李继峰．"去产能"需谨防国有资产流失［J］．人民论坛，2017（10）：86-87.

［212］张任之．非国有股东治理能够抑制国有企业高管腐败吗？［J］．经济与管理研究，2019，40（8）：129-144.

［213］张日刚．当前国有资产流失问题与对策［J］．上海大学学报（社会科学版），2000（4）：83-87.

［214］张微微，姚海鑫．媒体关注度、信息披露环境与投资者保护——基于中国上市公司数据的实证分析［J］．辽宁大学学报（哲学社会科学版），2019，47（3）：66-74.

［215］张维迎．所有制、治理结构及委托—代理关系——兼评崔之元和周其仁的一些观点［J］．经济研究，1996（9）：3-15+53.

［216］张晓文，李红娟．国有资产的流转与流失问题辨析［J］．经济纵横，2016（9）：41-46.

［217］张璇，左樑，李雅兰．媒体负面报道、内部控制与高管私有收益［J］．华东经济管理，2019，33（2）：148-157.

［218］张治栋，樊继达．国有资产管理体制改革的深层思考［J］．中国工业经济，2005（1）：47-55.

［219］张宗新，周嘉嘉．分析师关注能否提高上市公司信息透明度？——基于盈余管理的视角［J］．财经问题研究，2019（12）：49-57.

［220］赵斯昕，孙连才，关权．本轮国企改革的重大突破与创新——"以管资本为主"的国资监管新体系解析及变革建议［J］．青海社会科学，2020（3）：117-123.

［221］郑志刚．国企公司治理与混合所有制改革的逻辑和路径［J］．证券市场导报，2015（6）：4-12.

［222］郑志刚，胡晓霁，黄继承．超额委派董事、大股东机会主义与董事投票行为［J］．中国工业经济，2019（10）：155-174.

［223］郑志刚，李东旭，许荣，林仁韬，赵锡军．国企高管的政治晋升与形象工程——基于N省A公司的案例研究［J］．管理世界，2012（10）：146-156+188.

［224］郑志刚，李俊强，黄继承，胡波．独立董事否定意见发表与换届未连任［J］．金融研究，2016（12）：159-174.

［225］郑志刚，孙娟娟，Rui Oliver. 任人唯亲的董事会文化和经理人超额薪酬问题［J］．经济研究，2012，47（12）：111-124.

［226］郑志刚，郑建强，李俊强．任人唯亲的董事会文化与公司治理——一个文献综述［J］．金融评论，2016，8（5）：48-66+124-125.

［227］中国社会科学院工业经济研究所课题组．论新时期全面深化国有经济改革重大任务［J］．中国工业经济，2014（9）：5-24.

［228］周大仁．国有资产管理体制概论［M］．武汉：湖北人民出版社，1994.

［229］周绍妮，郑佳明，王中超．国企混改、社会责任信息披露与国有资产保值增值［J］．软科学，2020，34（3）：32-36.

［230］周煊．中央企业境外资产监管问题研究［J］．人民论坛·学术前沿，2019（18）：83-87.

［231］周煊，汪洋，王分棉．中国境外国有资产流失风险及防范策略［J］．财贸经济，2012（5）：98-105.

［232］周泽将，雷玲．纪委参与改善了国有企业监事会的治理效率吗？——基于代理成本视角的考察［J］．财经研究，2020，46（3）：34-48.

［233］周泽将，王浩然．股东大会投票与独立董事异议行为：声誉效应 VS 压力效应［J］．经济管理，2021，43（2）：157-174.

［234］周志华．完善国有公司治理制度防止国有资产腐败性流失［J］．学术论坛，2016，39（1）：37-42.

［235］周志强，李舜，王洁莹．民营企业参与国有企业混合所有制改革的协同治理研究——基于分享经济理论的视角［J］．江淮论坛，2020（4）：126-131.

［236］朱磊，陈曦，王春燕．国有企业混合所有制改革对企业创新的影响［J］．经济管理，2019，41（11）：72-91.

［237］祝继高，陆峣，岳衡．银行关联董事能有效发挥监督职能吗？——基于产业政策的分析视角［J］．管理世界，2015（7）：143-157+188.

［238］祝继高，叶康涛，陆正飞．谁是更积极的监督者：非控股股东董事还是独立董事？［J］．经济研究，2015，50（9）：170-184.

［239］庄严. 中央企业境外项目非传统安全风险防控控制［J］. 现代国企研究, 2018（12）: 73+75.

［240］Adams R B, Ferreira D. A Theory of Friendly Boards［J］. Journal of Finance, 2007（62）: 217-250.

［241］Aghion P, Bolton P. An Incomplete-Contracts Approach to Financial Contracting［J］. Review of Economic Studies, 1992, 77（3）: 473-494.

［242］Aghion P, Dewatripont M, Rey P. Competition, Financial Discipline and Growth［J］. Review of Economic Studies, 1999, 66（4）: 655-696.

［243］Aghion P, Reenen J V, Luigi Z. Innovation and Institutional Ownership［J］. American Economic Review, 2013, 103（1）: 277-304.

［244］Akerlof G A. The Market for "Lemons": Quality Uncertainty and the Market Mechanism. Quarterly Journal of Economics, 1970（84）: 488-500.

［245］Alchian A A, Demsetz H. The Property Rights Paradigm［J］. Journal of Economic History, 1973, 33（1）: 16-27.

［246］Alchian A. Uncertainty, Evolution, and Economic Theory［J］. Journal of Political Economy, 1950, 58（1）: 211-221.

［247］Attig N, Ghoul S E, Guedhami O, Rizeanu S. The Governance Role of Multiple Large Shareholders: Evidence from the Valuation of Cash Holdings［J］. Journal of Management and Governance, 2013, 17（2）: 419-451.

［248］Baggs J, De Bettignies J. Product Market Competition and Agency Costs［J］. Journal of Industrial Economics, 2007（55）: 289-323.

［249］Baldenius T, Melumad N, Meng X. Board Composition and CEO Power［J］. Journal of Financial Economics, 2014, 112（1）: 53-68.

［250］Bell T B, Causholli M, Knechel W R. Audit Firm Tenure, Non-Audit Services and Internal Assessments of Audit Quality［J］. Journal of Accounting Research, 2015, 53（3）: 461-509.

［251］Boateng A, Huang W. Multiple Large Shareholders, Excess Leverage and Tunneling: Evidence from an Emerging Market［J］. Corporate Governance an International Review, 2017, 25（1）: 58-74.

［252］Bruynseels L, Cardinaels E. Audit Committees: Management Watchdog or

Personal Friend of the CEO?　［J］. Accounting Review a Quarterly Journal of the American Accounting Association, 2014, 89（1）: 113-145.

[253] Burgstahler D C, Hail L, Leuz C. The Importance of Reporting Incentives: Earnings Management in European Private and Public Firms ［J］. The Accounting Review, 2006, 81（5）: 983-1016.

[254] Chen T, Harford J, Lin C. Do Analysts Matter for Governance? Evidence from Natural Experiments ［J］. Journal of Financial Economics, 2015, 115（2）: 383-410.

[255] Cuñat V, Guadalupe M. How does Product Market Competition Shape Incentive Contracts? ［J］. Journal of the European Economic Association, 2005, 3（5）: 1058-1082.

[256] Donaldson L, Davis J H. Boards and Company Performance - Research Challenges the Conventional Wisdom ［J］. Corporate Governance, 1994, 2（3）: 151-60.

[257] Dong Y, Liu Z, Shen Z, Sun Q. Political Patronage and Capital Structure in China ［J］. Emerging Markets Finance and Trade, 2014, 50（3）: 102-125.

[258] Du J, He Q, Rui M. Inside the Black Box of Board Room? China's Corporate Governance Reform Experiment with the Independent Director System ［R］. Working Paper, 2012.

[259] Du J, Hou Q, Tang X. Does Independent Directors' Monitoring Affect Reputation? Evidence from the Stock and Labor Markets ［J］. China Journal of Accounting Research, 2018, 11（2）: 91-127.

[260] Dyck A, David M, Zingales L. Media Versus Special Interests ［J］. Journal of Law and Economics, 2013, 56（3）: 521-553.

[261] Dyck A, Morse A, Zingales L. Who Blows the Whistle on Corporate Fraud? ［J］. The Journal of Finance, 2010, 65（6）: 2213-2253.

[262] Dyck A, Volchkova N, Zingales L. The Corporate Governance Role of the Media: Evidence from Russia ［J］. The Journal of Finance, 2008, 63（3）: 1093-1135.

[263] Ege M. Does Internal Audit Function Quality Deter Management Miscon-

duct？［J］. The Accounting Review, 2013, 90 （2）: 495-527.

［264］ Fama E F, Jensen M C. Separation of Ownership and Control ［J］. Journal of Law and Economics, 1983, 26 （2）: 301-325.

［265］ Fang L, Peress J, Media Coverage and the Crosssection of Stock Returns ［J］. Journal of Finance, 2006, 64 （5）: 2023-2052.

［266］ Fan J, Wei K, Xu X. Corporate Finance and Governance in Emerging Markets: A Selective Review and an Agenda for Future Research ［J］. Journal of Corporate Finance, 2011 （17）: 207-214.

［267］ Fan P H J, Wang T J. Do External Auditors Peform a Corporate Governance Role in Emerging Markets? Evidence from East Asia ［J］. Journal of Accounting Research, 2005 （43）: 35-72.

［268］ Francis J R, Michas P N, Seavey S E. Does Audit Market Concentration Harm the Quality of Audited Earnings? Evidence from Audit Markets in 42 Countries ［J］. Contemporary Accounting Research, 2013, 30 （1）: 325-355.

［269］ Francis J R, Yu M D. Big 4 Office Size and Audit Quality ［J］. The Accounting Review, 2009, 84 （5）: 1521-1552.

［270］ Furubotn E G, Pejovich S. Property Rights and Economic Theory: A Survey of Recent Literature ［J］. Journal of Economic Literrature, 1972, 10 （4）: 1137-1162.

［271］ Gillan S. Recent Developments in Corporate Governance: An Overview ［J］. Journal of Corporate Finance, 2006 （12）: 381-402.

［272］ Gillette A B, Noe T H, Rebello M J. Corporate Board Composition, Protocols, and Voting Behavior: Experimental Evidence ［J］. The Journal of Finance, 2003, 58 （5）: 1997-2031.

［273］ Giroud X, Mueller H M. Does Corporate Governance Matter in Competitive Industries? ［J］. Journal of Financial Economics, 2010, 95 （3）: 312-331.

［274］ Gomes A R, Novaes W. Sharing of Control as a Corporate Governance Mechanism ［R］. Working Paper, 2005.

［275］ Gorman L, Lymn T, Mulgrew M. The Influence of the News Media on the Corporate Governance Practices of Anglo-American Listed PLCS ［R］. Dublin City

University Working Paper, 2010.

[276] Grossman S, Hart O. Disclosure Laws and Take-over Bids [J]. Journal of Accounting Research, 1980 (23): 123-145.

[277] Groves T, Hong H, John M, Barry N. Autonomy and Incentives in Chinese State Enterprises [J]. Quarterly Journal of Economics, 1994, 109: 183-209.

[278] Hart O, Moore J. Property Rights and the Nature of the Firm [J]. Journal of Political Economy, 1990, 98 (6): 1119-1158.

[279] Hermalin B E, Weisbach M S. Endogenously Chosen Boards of Directors and Their Monitoring of the CEO [J]. American Economic Review, 1998, 88 (1): 96-118.

[280] Jensen M C, Meckling W H. Theory of the Firm: Managerial Behavior, Agency Costs and Ownership Structure [J]. Journal of Financial Economics, 1976, 3 (4): 305-360.

[281] Jensen M C, Murphy K J. Performance Pay and Top Management Incentives [J]. Journal of Political Economy, 1990, 98 (2): 225-265.

[282] Jensen M C. The Modern Industrial Revolution, Exit, and the Failure of Internal Control Systems [J]. Journal of Finance, 1993, 48 (3): 831-880.

[283] Jenter D, Lewellen K. Performance-Induced CEO Turnover [R]. Working Paper, London School of Economics, 2017.

[284] Jiang G, Lee C M C, Yue H. Tunneling Through Intercorporate Loans: The China Evidence [J]. Journal of Financial Economics, 2010 (98): 1-20.

[285] Jiang W, Wan H, Zhao S. Reputation Concerns of Independent Directors: Evidence from Individual Director Voting [J]. Review of Financial Studies, 2016, 29 (3): 655-696.

[286] Kesner I F, Victor B, Lamont B T. Board Composition and the Commission of Illegal Acts: An Investigation of Fortune 500 Companies [J]. Academy of Management Journal, 1986, 29 (4): 789-799.

[287] Kibet P K. A Survey on the Role of Internal Audit in Promoting Good Corporate Governance in State Owned Enterprises [J]. Masters of Business Administration, 2008.

［288］ Knyazeva D. Corporate Governance, Analyst Following, and Firm Behavior ［R］. University of Rochester, Working Paper, 2007.

［289］ Koppell J. Political Control for China's State-Owned Enterprises: Lessons from America's Experience with Hybrid Organizations ［J］. An International Journal of Policy, 2007, 20 （2）: 255-278.

［290］ Laffont J J, Tirole J. A Theory of Incentives in Procurement and Regulation ［J］. MIT Press Books, 1993, 1 （428）: 53-128.

［291］ La Porta R, Lopez-De-Silanes F, Shleifer A, Vishny R. Investor Protection and Corporate Valuation ［J］. The Journal of Finance, 2002, 57 （3）: 1147-1170.

［292］ Legoria J, Melendrez K D, Reynolds J K. Qualitative Audit Materiality and Earnings Management ［J］. Review of Accounting Studies, 2013, 18 （2）: 414-442.

［293］ Lin K, Piotroski J D, Yang Y G, Tan J. Voice or Exit? Independent Director Decisions in an Emerging Economy ［R］. Working Paper, 2012.

［294］ Mace M L. Directors: Myth and Reality ［M］. Boston: Harvard Business School Press, 1986.

［295］ Ma J, Khanna T. Independent Directors' Dissent on Boards: Evidence from Listed Companies in China ［J］. Strategic Management Journal, 2013, 37 （8）: 1547-1557.

［296］ Michael S. Job Market Signaling ［J］. Quarterly Journal of Economic, 1973 （3）: 355-374.

［297］ Miller G S. The Press as a Watchdog for Accounting Fraud ［J］. Journal of Accounting Research, 2006, 44 （5）: 1001-1033.

［298］ Moss R W. CPAs as Outside Directors ［J］. Journal of Accountancy, 1982, 153 （5）: 38-41.

［299］ Pfeffer J. Size and Composition of Corporate Boards of Directors: The Organization and Its Environment ［J］. Administrative Science Quarterly, 1972, 17 （2）: 218-228.

［300］ Prawitt D F, Smith J L, Wood D A. Internal Audit Quality and Earnings

Management [J] . Social Science Electronic Publishing, 2009, 84 (4): 1255-1280.

[301] Radasi P, Barac K. Internal Audit in Stata-Owned Enterprises: Perceptions, Expectations and Challenges [J] . Southern African Journal of Accountability and Auditing Research, 2015, 17 (2): 95-106.

[302] Raghunandan K, Rama D V. SOX Section 404 Material Weakness Disclosures and Audit Fees [J] . Auditing a Journal of Practice and Theory, 2006, 25 (1): 99-114.

[303] Raheja C. Determinants of Board Size and Composition: A Theory of Corporate Boards [J] . Journal of Financial and Quantitative Analysis, 2005, 40 (2): 283-306.

[304] Schmidt K M. Managerial Incentives and Product Market Competition [J] . Review of Economic Studies, 1997 (2): 191-213.

[305] Schwartz-Ziv M, Weisbach M S. What do Boards Really Do? Evidence from Minutes of Board Meetings [J] . Journal of Financial Economics, 2013, 108 (2): 349-366.

[306] Shroff N, Verdi R S, Yu G. Information Environment and the Investment Decisions of Multinational Corporations [J] . The Accounting Review, 2014, 89 (2): 759-790.

[307] Stern J M, Stewart III G B, Chew D H. The EVA Financial Management System [J] . Journal of Applied Corporate Finance, 1995, 8 (2): 32-46.

[308] Stiebale J. Cross-Border M&As and Innovative Activity of Acquiring and Target Firms [J] . Journal of International Economics, 2016 (99): 1-15.

[309] Stiglitz J E. Imperfect Information in the Product Market [J] . Handbook of Industrial Organization, 1989 (1): 769-847.

[310] Stoker G. Governance as Theory: Five Propositions [J] . International Social Science Journal, 1998, 50 (155): 17-28.

[311] Sun Q, Tong H. China Share Issue Privatization: The Extent of Its Success [J] . Journal of Financial Economics, 2003, 70 (2): 183-222.

[312] Sudarshan J, Milbourn T T. CEO Equity Incentives and Financial Misreporting: The Role of Auditor Expertise [J] . Accounting Review, 2015 (1):

321-350.

[313] Tang X, Zhu J, Hou Q. The Effectiveness of the Mandatory Disclosure of Independent Directors' Opinions: Empirical Evidence from China [J]. Journal of Accounting and Public Policy, 2013 (32): 89-125.

[314] Teoh S H, Wong T J. Perceived Auditor Quality and the Earnings Response Coefficient [J]. The Accounting Review, 1993, 68 (2): 346-366.

[315] Vicker J. Concept of Competition [J]. Oxford Economic Paper, 1995, 47 (1): 1-23.

[316] Wade J, O'Reilly C A, Chandratat I. Golden Parachutes CEOs and the Exercise of Social Influence [J]. Administrative Science Quarterly, 1990 (35): 587-603.

[317] Wang Y, Jin P, Yang C. Relations between the Professional Backgrounds of Independent Directors in State-Owned Enterprises and Corporate Performance [J]. International Review of Economics and Finance, 2016 (42): 404-411.

[318] Warther V A. Board Effectiveness and Board Dissent: A Model of the Board's Relationship to Management and Shareholders [J]. Journal of Corporate Finance, 1998, 4 (1): 53-70.

[319] Zahra S A, John A P. Boards of Directors and Corporate Financial Performance: A Review and Integrative Model [J]. Journal of Management, 1989, 15 (2): 291-334.